続 教会法で知るカトリック・ライフ Q&A40

菅原裕二

ドン・ボスコ新書

目次

修道生活と宣教活動

教会財産と教会刑法

第二部　秘跡・準秘跡 ……… 117

はじめに

この本は、二〇一四年にドン・ボスコ社から出版された『教会法で知るカトリック・ライフ Q＆A40』の続編です。同社の月刊誌『カトリック生活』に二〇〇七年から六年半にわたって連載された「教会法で知るカトリック・ライフ」の原稿をまとめたものを七年前に出版することができましたが、このたび、その続きを出版する機会を与えていただきました。

教会法はカトリック教会の中でもなじみが薄く、どこまで興味をもっていただけるか自信もなかったのですが、幸い、最初に出版した本を手に取ってくださった方が多かったようでした。

『カトリック生活』誌の連載では、毎月一つのテーマを取り上げ、教会生活や信仰にかかわる問題を扱いました。質問の多くは読者の方や、私が毎年帰国して担当する上智大学神学部の講義に出席している学生から出されたものです。出版に際して、前刊書同様、加筆と訂正を行い、教会法典が扱う順番にテーマを並べ替え、前半で教会生活のさまざまな側面を、後半で秘跡に関する規定を扱いました。前刊ではあまり触れなかった教会財産法や教会における制裁についても少し触れています。

教会法に関しては、ローマなどの教皇庁立大学の教会法学部で専門的な勉強をする人以外は直接に条文に触れる機会は多くないでしょうし、法学部に在籍していても法哲学や国家法との関係などを学ぶ機会が頻繁にあるとは言えません。聖職を志す人でも、通常、神学課程で法典の全条文に触れることはないでしょう。そのため、今回も条文の釈義集のような形ではなく、一般の方でも理解できるように、条文に触れながらカトリック教会の生活について学ぶことを目指し、終わりに「一口メモ」を加えました。

本文中に引用される教会法の邦語訳は新旧の『カトリック教会法典』（共に有斐閣）を主に用いましたが、より正確な理解のために、私自身が訳出した条文もあります。現教皇フランシスコは着座以来、積極的に法律の改定に取り組んでおり、毎年のように新しい条文が出されます。本書でもそのいくつかに触れ、教会の新しい動きに対応できるように心がけました。

教会には法律以外に、神学や司牧という信仰生活のより大切な基準があります。教皇フランシスコが常々語るように、教会の実情をよく理解し、司牧的な視点を大切にし、法が目指している神の恵みの実現という視点を忘れないように気をつけなければなりません。

　連載に際しては『カトリック生活』誌の関谷義樹編集長に寛大な配慮をいただきました。また、前回に続き、出版に当たって同誌編集部の金澤康子さんにたいへんお世話になりました。紙上を借りて御礼を申し上げます。

　この拙い著書が、教会の法制度を理解し、よりよい信仰生活を送るための一助となれば幸いです。

二〇二一年八月

教皇庁立グレゴリアン大学教会法学部教授　　菅原裕二

第一部

教会の生活

教会法の特徴と教会組織

Q 教会法には聖書も引用されているのですか？

A 教会法は神学が背景にあり、条文の中にしばしば教義が登場し、聖書に基づいている記述も多く見られます。

教会法とは『カトリック新教会法典』（有斐閣）に掲載されている条文だけでなく、典礼法規（たとえば『教会の祈り』や『ミサ典礼書』にある総則）や特別法（たとえば教皇選挙の規則）、教会と国家の間に結ばれる政教協約（コンコルダート）なども含むのですが、多くの場合は法典として一冊の本にまとめられている法規・条文を指しています。

現行法典には、一冊の中に憲法に当たる要素も民法や刑法、訴訟法に当たる内容の条文もあります。教会の教義が根底にあり、条文の多くが二千年にわたる教会の体験からだけでなく、カトリックの神学に基づいてつくられています。特徴的なのは、教義が背景にあるだけでなく、条文の中にしばしば教えが登場することです。引用個所が示されていなくても、はっきりと聖書に基づいている記述も多く見られます。

初めて編纂された旧法典（一九一七年公布）が法規を体系的に編集した点では教会法制史上、画期的だったのですが、フランス革命後、教会の権利を脅かしていたナポレオン法典に対抗する目的でつくられたために、神学や司牧性よりも国家法、特にローマ法の伝統に基づいてつくられていたことに、信仰者の生活や制度を扱う法律としての限界がありました。

第二バチカン公会議を招集した教皇ヨハネ二十三世は、一世紀ぶりの公会議の開催と並んで教会法の改正を最初から念頭に置いていました。しかし、神学上の方針が定まらないことには法規を改正することができないと気づいて、新法典の編集は公会議の終了を待って始められました。教皇ヨハネ・パウロ二世は、教会法を公会議の教え、特に教義憲章である「教会憲章」と司牧憲章である「現代世界憲章」を「法律の言葉に翻訳したもの」と呼びました。

現行法にはかなりの量の教義や聖書語句が組み入れられています。聖書に書簡や歴史、預言などのジャンルがあるのに似て、条文にも法的規定だけでなく、神学的な教えや哲学的な基礎を示すものが見られます。たとえば、「洗礼によって人は罪から解放され、神の子として新たに生まれ、消えることのない霊印でキリストに結ばれて教会に組み入れられる」〔八四九条〕とあり、聖体のうちに「主キリスト自身が現存し、捧げられ、食される。教会は、この秘跡によって絶えず生きかつ成長する」〔八九七条〕と表現されています。ともに聖書や教義が背景にあります。

秘跡の描写以外にも、奉献生活を送る「信者は聖霊の働きのもとに、キリストにいっそう近く従い、すべてに超えて愛する神にあますところなく自身を捧げる」〔五七三条一項〕と三位一体の神が登場したり、観想修道会は「神にすぐれた賛美のいけにえを捧げ、神の民を聖性のきわめて豊かな実りで照らし、模範によって動かし、その使徒的、神秘的な豊かさをもって発展させる」〔六七四条〕と権利や義務にまったく言及しない条文も見られま

す。条文中に法的規定の根拠を説明するものが多数登場するのが教会法の一つの特徴です。

一口メモ

条文の中に神法と呼ばれる神の啓示に基づくもの（たとえば人間の尊厳や水による洗礼）と自然法に由来するもの（たとえば結婚の本質）、教会が定めた法規（たとえば叙階の年齢）という区別があるのも教会法の特徴です。

Q 教会法の条文は自由に見ることができますか？

A 新旧の教会法典は日本語訳が出され、また主要言語への訳は聖座のサイトで見ることができます。

教会の法規にはさまざまの種類とレベルのものがあり、カトリック教会全体（普遍教会と呼ばれます）に効力をもつ法律（普遍法）は教皇によって公布され、ラテン教会を対象にした法典（一九八三年公布）と東方カトリック教会を対象にした法典（一九九〇年公布）があります。日本語で読むことができる法的な公文書は多くないのですが、話をラテン典礼の教会に限定すると、二十世紀になって作成され、一冊の本になった二つの「法典」には邦訳があります。

一九一七年に公布された法典は、ルイジ・チヴィスカ氏が翻訳し、『カトリック教会法典　羅和対訳』という邦題で一九六二年に有斐閣という出版社から出されました。一九八五年に復刻されていることもあり、大きな図書館なら見つけることができるでしょう。一九八三年に公布された法典は、日本の司教協議会の教会行政法制委員会が翻訳し、一九九二年に『カトリック新教会法典　羅和対訳』の邦題で、やはり有斐閣から出版されています。外国語を読む方のためには、各国の司教協議会や教会法協会が出している訳をweb サイトで読むこともできますが、聖座のサイト（www.vatican.va）には現行法のラテン語の原文と、英語、フランス語、スペイン語、イタリア語、ドイツ語、ポルトガル語、ロシア語、中国語の公式の訳文が載せられています。このサイトでは、教会法だけでなく、条文の源泉になっている公会議や教皇の文書、聖座の各省庁や評議会が出している公文書（主に第二バチカン公会議以降のもの）を欧米の複数の言語で読むことができるようになっています。

カトリック教会では毎月発行される公報誌『使徒座官報』に法律として掲載されると普遍法として公布されたことになる〔七条、八条一項〕と定められています。大きな図書館で閲覧することができると思いますが、聖座のサイトには PDF 版が今年発行の官報まで掲載されています（Vatican のサイトなどで Acta Apostolicae Sedis と入力してください）。

教会法の公式訳はどの言語で出版されるときにも、聖座の認可を受けたうえで司教協議会が発行することになっており、ラテン語の原文を載せることが義務づけられています。日本で出版された上記の法典も見開きの左側のページにラテン語の本文があり、右側のページに日本語訳文がありますが、聖座のサイトに掲載されている各国語の法典も、訳文ですので正式にはラテン語版を参照することになります。

教会の法律には、ほかに「特別法」と呼ばれるものもあります。列聖（聖人の位にあると宣言する）のためにはどのような手続きを経るのか、また教皇はどのように選ぶのか（教皇選挙の規定）など、特別な機会や集団にかかわるテーマを扱う法規ですが、主要なものはやはり聖座のサイトで見つけることができます。

一口メモ

『カトリック教会法典』は、現在では両方とも絶版になっています。一九八三年公布の現行法は、注文がある場合に個別に印刷がされる方式（オンデマンド）で入手が可能ですが、割高とならざるを得ません。ネットでの書籍販売を見ても現行法典の中古版が定価以上の価格で見つかる程度で、旧法典になると大きな図書館か古書店でないと見つけられない状況になっているようです。

Q バチカン市国に教皇座があるのですか？

A バチカン市国は世界最小の独立国家で聖座の活動を支えていますが、カトリック教会を治める聖座は特定の場所からは独立しています。

バチカンは、世界に十三億人を超える信者を擁するカトリック教会の総本山であると同時に、教会組織の中央官庁の機能を果たしています。日本のメディアでは、教皇を元首とするバチカン市国（一九二九年成立）とカトリック教会を治める聖座が、両方ともバチカンと同じ名前で呼ばれることが多いのですが、教会の機構のうえでは、はっきりと区別されています。

教会法が教皇に与えている称号を見ると、「ローマの教会の司教、司教団のかしら、キリストの代理者、地上における普遍教会の牧者」〔三三一条〕となっており、バチカン市国の元首であることは述べられていません。また、「ロー

バチカンの国章

バチカンの教皇紋章

マ教皇は、普遍教会に対する業務を、通常はローマ教皇庁を介して行う〔三六〇条〕とあって、統治の任務を果たしているのは聖座（使徒座も同義）であると語られています。

教会法で聖座という場合、ローマ教皇だけでなく教皇庁の機関も意味する〔三六一条〕と定められています。教皇庁は教皇の名と権威のもとに、外交を担当する国務省、教会内の事柄を担当する（教理、司教、奉献生活、福音宣教など）九つの省と（使徒座署名院など）三つの裁判所、（信徒・家庭・生命や広報など）三つの庁と（法文、諸宗教対話、キリスト教一致推進など）五つの評議会といった組織があります。構成と権限は特別法によって規定され、下位の組織は教皇フランシスコのもとで改組が進みました。

また、教皇は使節を任命して派遣〔三六二条〕しますが、大使や公使はバチカン市国の外交官ではなく、聖座の使節です。送られる対象は第一に各国の教会（たとえば日本の教会）ですが、同時に国家（たとえば日本国政府）や公的機関（たとえば国連）、あるいは国際会議のこともあり、ローマ教皇を持続的な仕方で代表する職務が委ねられています〔三六三条〕。聖座は現在百八十を超える国や地域と外交関係を結んでおり、国連には非加盟ですが代表を送っています。

バチカン市国は広さが〇・四四平方キロの世界最小の独立国家（一九八四年に世界遺産に登録されています）で、聖座の活動を支えています。現在、教皇をはじめ、実際に敷地内に住んでいるのは五百人ほどで、枢機卿をはじめとする聖職者や修道者のほかに、市国で（独自の切手を発行する郵便局などに）勤務している一般信徒も含まれます。バチカン市国の国籍をもっているのは約六百人で、半数は聖座の外交官ですが、スイス衛兵百人も含まれます。

外務省のホームページなどを見ると、国家と

してのバチカン市国を紹介して「公用語はラテン語である」と記載されているのですが、自由に使いこなすことができるのはすでに高齢の聖職者ばかりになったラテン語が日常会話に使われることはなく、聖座の各省で日常用いられているのは主としてイタリア語です。しかし、回勅やカテキズムなどの教皇文書の公式文、最高裁の判例集などは今でもラテン語で出されています。

一口メモ

バチカン（聖座）に勤める職員はカトリック教会の暦で過ごすので、本来木曜日に祝われる昇天の祝日やキリストの聖体の祝日などが平日でも休日になるほか、建国記念日に当たるラテラノ条約成立記念日（二月十一日）や教皇の名前の祝日（聖フランシスコ）も休日になります。

VATICAN

Q 司教と大司教は何が違うのですか？

A 隣り合ういくつかの部分教会は教会管区を構成し、管区の中心となる教区の長となる司教は大司教と呼ばれ、いくつかの法的な権限が与えられています。

カトリック教会の全体（普遍教会）は原則として地域ごとに分割され、ほとんどの部分（部分教会と呼ばれます）は教区と呼ばれますが、隣り合ういくつかの部分教会は必ず教会管区に属することになっています〔四三一条一、二項〕。第二バチカン公会議（「司教司牧教令」四〇項）による新しい枠組みで、旧法典には必ず所属するという規定はありませんでした。それぞれの管区には中心となる司教座があり、その教区の長となる司教を（管区）大司教と呼んでいます〔四三五条〕。教会管区を設立、変更、廃止するのは教皇の権限です〔四三一条三項〕。

日本には東京管区、大阪管区、長崎管区の三つが存在し、それぞれに大司教がいます。教会管区は、地域的な事情に応じて近隣の教区に共通する司牧的な活動を促進し、教区司教の間の関係を円滑にするために設立され、大司教には教会法が委ねる一定の権限がありますが、司教と大司教は委ねられる権限の差であって、司教叙階の際に与えられる秘跡的な恵みに違いがあるわけではありません。

大司教は、管区会議の開催地を選び、招集し、議題を決めて会議の議長となる〔四四二条一項〕のですが、その他に法律上委ねられる務めは、信仰や教会の規律が守られるように監督し、乱用があればローマ教皇に報告すること、また所属する管区の司教が教区内の視察を怠った場合、自ら視察を行う〔四三六条一項〕などの事柄です。どちらかというと正しい教会統治のための監督としての役割で、近隣の教区に対する直接的な統治の権限はありません。

また、ある司教座が空位になったとき、顧問団が教区管理者を任命できない場合には教区管理者を任命する〔四二一条二項参照〕、司教が違法に六カ月以上教区を留守にしたときに使徒座に報告する〔三九五条四項〕などの務めがありますが、これも教区統治のやや補助的な役割といえます。教会禄、免償、祭式者会などに関して権限を委ねられていた旧法典〔四二七条〕の規定に比べると、役割の重心は司牧面に移っています。

教会管区に委ねられている事柄には三年ごとに聖座に提出する司教候補者名簿の作成〔三七七条一項〕がありますが、それ以外は大きく分けると経済面と裁判に関する領域の事柄です。たとえば「ミサの挙行のための奉納額を教会管区全体のために決定する」〔九五二条一項〕ことがあります。管区に共通する謝礼の規定が存在しない場合は、それぞれの教区の慣習に従うことになります。また、行政上の恩典を受ける際や使徒座の答書を執行する際の手数料を定めたり、秘跡や準秘跡の授与の場合の奉納金（謝礼の額）を決定する〔一二六四条〕ことができます。また、それぞれの教区における教会裁判の第二審裁判所として管区裁判所があり、通常の訴訟の上訴は管区大司教の法廷に対してなされる〔一四三八条〕ことになっています。

一口メモ

日本には代牧区が一八四六年から存在していましたが、最初の司教区が誕生したのは一八九一年で、東京、函館、大阪、長崎の四司教区のうち、教皇レオ十三世によって東京が首都大司教区に定められました。

Q シノドスはどんなことをする集まりですか？

A シノドスは「教会会議」を意味し、教皇が司教団の、教区司教が教区を代表する司祭や信者の、より広範な助けが得られるように補佐する諮問機関です。

シノドスは「教会会議」を意味し、現行法典では世界（普遍教会）レベルと教区（部分教会）レベルの会合が規定されています。世界代表司教会議（司教シノドス）は、教皇が司教団の助けをより広範に得られるように（「司教教令」五項）、第二バチカン公会議後に創設された会合です。世界の異なる地域（司教協議会）から選ばれた司教が、教皇との関係を深め、教会の活動に関する問題を研究し、信仰や倫理、教会内の規律について助言することを目的としています〔三四二条〕。

世界レベルの会議は、「ローマ教皇の権威下」〔三四四条〕にあり、テーマを決定し、会議を招集するのは教皇で、議長も務めます。シノドスの任務は提起された問題を討議し、意見を述べることで、問題を解決し、決定を出すことではありません〔三四三条〕。しかし、各地の司教が集まって教会に関する事柄を討議することには大きな意義があり、コミュニケーションを図るよい機会となっています。教会全体の問題の討議のために総会があり（現在まで三〜四年に一度開催）、特定の地域に関わる課題を扱うためには（アジア・シノドスのように）特別会議を開催することもできます〔三四五条〕。司教（二十五名あたり一人の代表者）のほかに、聖職者修道会の代表や教皇によって直接任命されて参加するほかの代議員もいます〔三四六条〕。

地域教会レベルの会合である教区シノドスは、教区全体の善益について司教を助けるために、その地域の教会を代表する形で選ばれた司祭や信者が話し合う集会です。司祭評議会に諮ったうえで教区司教が開催を決め、議長も務めます〔四六〇～六二条〕。旧法典では十年に一度開催することが定められていましたが、参加できるのは司祭のみ（三五六条）で、実際にはほとんど実践されていませんでした。

現行法で教区代表者会議に招集されるのは、協働・補佐司教、司教総代理、司教代理、法務代理など職務上参加する代議員、司祭評議会から選出される司祭、司牧評議会をとおして選ばれる信徒や奉献生活の会の会員で、参加者が教区全体を反映するように配慮されています。さらに、司教は広く信徒や修道者、またカトリック以外の教会や教団の教役者、会員をオブザーバーとして招くこともができます〔四六三条〕。

シノドスに立法権はなく、参加者は参考投票を通じて教区司教に助言するだけの諮問機関なので、諮問を行う相手の司教座が空位になったときには停止されます。提出された議題はすべて代議員の自由な討議に委ねられ〔四六五条〕、司教はシノドスの宣言と決定を司教協議会に伝え〔四六七条〕、教会全体と交わりが図られることも求められています。

一口メモ

世界代表司教会議は、二千五百名もの司教が一堂に会した公会議における討論の難しさを体験した教皇パウロ六世が提唱して始められたものです。通常総会は一九六七年に第一回が開かれ、現在まで「司教職」「奉献生活」「家庭」などをテーマに十五回開かれています。特別総会が十一回開かれたほか、特定の司牧的な課題を討議する臨時総会が三回開催されています。

Q 司教はどのようにして選ばれるのですか？

A 教会管区の司教団、あるいは司教協議会か司教の推薦を受け、教皇大使からの情報を得たうえで、教会法の条件を満たす候補者の中から教皇が任命します。

教会法には司教に関する条文が多く〔三七五～四一一条〕、最初の条文で、司教は神の制定による使徒の後継者、神の民の牧者であり、教会において「教理の教師」（預言職）、「聖なる礼拝を行う司祭」（祭司職）、「統治の奉仕者」（王職）であると定められています〔三七五条一項〕。司教は聖化し、教え、統治する任務を叙階（司教の場合、聖別とも呼びます）の際に受け取りますが、教え、統治する権限は司教団のかしらである教皇や他の司教と一致していなければ行使できない〔同二項〕と決められています。教皇や他の司教との交わりがないなら、叙階の秘跡が有効であっても司教として働くことはできません。

司教は、教区長として司牧の責任者となる教区司教と、それ以外の名義司教に区別〔三七六条〕されます。名義司教とは、信者が存在しないために現在は消滅している教区の称号（名義）だけを受け取る司教で、引退した司教や協働・補佐司教、ローマ教皇庁で働く司教などが任命されるものです。

司教に選出されるには教皇の任命か認証〔三七七条一項〕が必要です。世界には自らの司教の指名権を有する教区が少数ながら存在しているのですが〔同五項〕、大多数の教区で司教は教皇自身によって指名されます。司教の候補者については、隣接する教区によって構成される教会管区の司教団か司教協議会に推薦者名を届ける義務があり、またそれぞれの司教も自分の推薦する後継者の名前を司教省に送ることができます。任命には、教皇大使が任地先で必要な役割を果たすのですが、手続きは非公開で行われます。

司教に任命される条件として教会法が定めているのは、信仰や司牧の熱意、人間としての徳に秀で、三十五歳以上で司祭としての経験があり、神学か教会法の修士・博士号を有する世評の高い人などですが、選任の最終判断は使徒座が行います〔三七八条〕。叙階には教皇の委任がある〔一〇一三条〕だけでなく、司教の団体性を象徴するために最低三人の司教が集まって叙階式が行われること〔一〇一四条〕が必要で、教皇の指令なしに叙階を行うことは、使徒座に留保される伴事的破門制裁という最も重い刑罰が適用される〔一三八二条〕違法行為です。

教区に司牧上の必要がある場合、教区司教の要請に基づいて、補佐司教を置くことができます〔四〇三条一項〕。司教の任務全般を補佐する場合もあり、地域や使徒活動、典礼など一定の分野や、堅信、定期訪問など一定の活動のために置くこともできます。大多数の補佐司教が通常のタイプですが、財政上の困難に陥った教区、司教の病気、司教による権限の乱用などの場合、特別の権限をもつ補佐司教が使徒座から与えられる〔同二項〕こともあります。

まれに、特別の権限をもつ協働司教が教区に置かれることもあります〔同三項〕。協働司教は、司教座が空位になると直ちに教区長を継承する権利をもつ司教のことです。補佐司教も協働司教も総代理〔四〇六条〕になり、司教は重要な事柄について相談をし、協力し合うこと〔四〇七条〕が求められています。

一口メモ

アメリカ合衆国における最初の司教は、一七八九年、(教皇によってではなく) 現地の司祭団によって選出されたという歴史があります。

Q 司教にはどのような務めがあるのですか？

A 司牧上の務めはひじょうに多く、すべての人への配慮が義務づけられているほか、統治や秘跡の実践に関しても教区全体の責任を負っています。

教区司教は委ねられた教区における司牧の最高責任者で、司教職に付随する権限を教区内のすべての人に直接に行使する権利をもっています〔三八一条〕。司牧上の務めはひじょうに多く、第一に、キリスト者だけでなく教区内のすべての人への配慮〔三八三条〕が義務づけられています。

司祭は最も近い協力者なので、司教には司祭と緊密に交わることが求められ、司祭の生計を配慮するのも司教です〔三八四条〕。また、教区内の召命を促進し〔三八五条〕、頻繁な説教をとおしてみことばの奉仕を行い〔三八六条〕、教区の信者のためにミサをささげる〔三八八条〕義務があります。

統治に関しては、教区内で立法する権限は司教だけがもっています。行政権は自らまたは総代理や司教代理をとおして、司法権は自らまたは法務代理をとおして行使することになっています〔三九一条〕。教会ではこの三権が区別されているものの、司教はすべてにおいて責任者です。

秘跡の実践に関しては、洗礼〔八六一条一項〕と聖体授与の通常の執行者〔九一〇条〕ですが、これは司祭、助祭も同じく権限を有しています。ゆるしの秘跡〔九六七条〕に関しては司祭も同じ権限をもっていますが、堅信は司教が通常の執行者〔八八二条〕であり、叙階の秘跡の執行者は司教だけ〔一〇一二条〕です。司教による祝福、聖別〔一一六九条〕のほか、司祭にゆるしの秘跡や説教を行う許可を与え、教会奉仕者の任命、混宗婚や教会建設の許可を与える権限が委ねられています。

ほかにも教区内でカトリック教会に共通の規律を保つこと〔三九二条〕、法律業務について教区を代表すること〔三九三条〕、教会財産の管理〔一二七六条参照〕、使徒活動の促進〔三九四条〕などの務めがあります。歴史的な実践の反省から定められた、教区内に定住すること〔三九五条〕や五年に一度教区内を訪問すること〔三九六条〕、教区の状態を教皇に報告し〔三九九条〕、五年に一度教皇を訪問する〔四〇〇条〕務めもあります。また、教会法上の義務の免除権〔八七条〕をもち、公会議の出席権と投票権〔三九条一項〕があります。

司教は七十五歳になると、退任の意思を教皇に表示する必要があります〔四〇一条〕。退任は実際の司牧上の必要を見て、教皇が判断をします。退任後の居住や生計維持などは教区が配慮します〔四〇二条〕。

司教座の障害事態とは、教区司教が逮捕、拘留、追放されたり、能力を喪失したりする場合〔四一二条〕で、司教座の空位とは教区司教が死亡、辞任、転任や解任を受けた場合〔四一六条〕を指します。これらの事態には協働司教が責任者になるのですが、実際にその数は多くないので、司教は着座したらこれらの事態に備える後継者の名簿を作成するのが最初の務めとなっています。教区長は司教座が空位になっている間、基本的なことについていかなる変更もゆるされない〔四二八条〕と決められています。

一口メモ

五年に一度の教皇訪問の務めをアド・リミナと呼びますが、これは（聖ペトロと聖パウロの）「墓参り」という意味です。

Q 聖職者は裁判員にはなれないのですか？

A 教会法は聖職者が国家権力の行使への参与を伴う公職を受諾することを禁じています。

裁判員制度が施行されて十数年が過ぎました。施行にあたって日本の司教団は「聖職者と修道者は裁判員になることを求められても応じないように」という声明を発表しています。教会法は「聖職者は国家権力の行使への参与を伴う公職を受諾すること」〔二八五条三項〕を禁じているからです。叙階の秘跡によって、神の恵みの分配者として奉仕する聖職者は、自由にこの奉仕職に献身できるためにいくつかの行為が禁じられ、この規定は修道者にも適用〔六七二条〕されます。規則に反した場合、聖職者・修道者が罰則を受けることも定められています。

裁判員制度は、地方裁判所で行われる刑事裁判に参加するもので、その際、裁判員は被告人が有罪であるか、有罪の場合どのような刑罰を適用するかを裁判官と一緒に決めます。公判に立ち合い、証拠書類を調べ、証人に質問をし、事実認定をし、有罪かどうかを判定することになります。裁判員の意見は、裁判官と同じ重みをもつとされ、裁判官とは異なり一つの裁判だけで任務を終えるので、公職を引き受けることに当たらないという解釈もできますが、裁判官と同じ権限を有するという点からは、明らかに国の権力行使に参与することになります。

裁判員制度は国によって異なり、国民の参加の度合いはさまざまです。英米の制度を陪審制と呼び、有罪かどうかを陪審員が判断します。裁判官はそれをもとに、どの罪状が適用されるか、また刑罰の重さを法律に照らして決定します。陪審員は事件ごとに選任され、通常、聖職者であっても免除の対象になったり辞退することは考慮されておらず、アメリカの司教協議会は何の指示も出していません。これに対しイタリアやドイツなどで採用されている制度は参審制と呼ばれ、裁判員は一定の任期をもって選任され、裁判員と裁判官が有罪であるかどうか、どのような刑罰を適用するかを合議します。

日本の場合、有罪無罪の判定、罪刑の適用、量刑の判断への関与、任期の有無を考え合わせると、陪審制と参審制の混合型ということができ、聖職者が制度を前に取る態度も二つの制度の中間的な立場にあるといえます。同時に、裁判員のみの賛成意見だけでは有罪にはならないなどいくつかの条件がついているものの、有罪無罪の判定と刑の重さに関して、裁判員が裁判官と同じ権限を有する日本の制度は、教会法が念頭に置いている「国家権力の行使」に参加すると解釈するのが妥当です。それゆえ、聖職者と修道者は教会法で裁判員になることを禁止されていると考えられます。ただし、教会法のこの禁止規定は、絶対的な厳しさをもって述べられているものではないため、司教や長上と話し合いのうえで、裁判員になることに応じる余地は残っています。

一口メモ

聖職者は罪をゆるすことを生涯を貫く生き方を選択しています。この世のあり方とは異なる基準を根本に据え、ゆるす神の慈しみを体現する召し出しです。この世を福音的な基準でよいものにすることは信徒に委ねられる（教会憲章三一項）ので、聖職者には召し出しとしても教会法的にも裁判員とは相容れない要素があると考えられます。

Q

司祭には「教区司祭」と「修道司祭」の区別しかありませんか?

A

現在、聖職者の登簿が認められているのは教区、属人区、奉献生活の会、使徒的生活の会などです。

教会では助祭叙階を受けることによって聖職者となる〔二六六条一項〕のですが、そのためには必ずどこかに所属しなければならず、これを聖職者の登簿あるいは入籍と呼んでいます。叙階の秘跡は受ける本人のためではなく教会共同体のためにあるので、教会の奉仕職を行う者として有用であると認められなければ〔一〇二五条二項〕叙階されないと定められています。登簿の規則は、聖職者が行う司牧活動の監督や生活と生計に関して責任を負う人をはっきりさせる必要から生じているといえます。

入籍の規則はニケア公会議（四世紀）に遡る古い規定で、現行法でも無所属の聖職者、放浪の聖職者は「絶対に認められない」〔二六五条〕と強い表現が用いられています。旧法典（一九一七年）では教区か修道会に所属しなければならない〔一一〇条一項〕とされていましたが、公布直後から宣教会に籍を置く聖職者が認められました。さらに第二バチカン公会議が、司祭が適切に配置され、専門化された司牧活動がたやすく行われる（「司祭役務教令」一〇項）ように求め、入籍や除籍の手続きを簡素化して、聖職者が移動できる枠組みを拡大することを定めました。

現在、登簿が認められているのは部分教会、属人区、奉献生活の会、この権能を有する会〔二六五条〕です。部分教会にはいくつかの種類があります〔三六八条〕が、日本にあるのは教区だけです。属人区は公会議の教令の精神を実現するために設立される聖職者の会〔二九四条〕で、現在はオプス・デイという団体だけが、奉献生活の会は登簿に関しては実質的に修道会だけがそれに当たります。ほかに権限を有するのは使徒的生活の聖職者会〔七三一条一項〕で、さらに一九八六年に軍隊付聖職者区が、二〇〇九年に英国国教会からカトリック教会に集団で移籍したグループが聖職者の入籍を認められるようになりました。

修道会では終生誓願を宣立した会員、使徒的生活の会では会に最終的に登録された会員が助祭職を受けることによって、会に聖職者として入籍します〔二六六条二項〕。在俗会の会員は、世俗で生活しつつ、特に内部からこの世の聖化に貢献するよう努める〔七一〇条〕ので、教区司祭と同様に教区に入籍するのが普通〔二六六条二項〕です。教区司祭が修道会、宣教会に入会する場合、終生誓願あるいは最終的な登録の際に出身教区から自動的に除籍されます。聖職者である修道者が退会する場合、その会員を入籍させてくれるか、少なくとも試みとして受け入れてくれる司教を見いだすまで退会のゆるしは与えられません〔六九三条〕。

以前に比べて登簿の枠組みが広がっているものの、欧米を中心に司祭職を目指す人が増えている新しい形の奉献生活の会〔六〇五条〕や共同体、教会運動には入籍（自前の司祭を有すること）が認められていないため、実際には教区司祭として形式的に入籍を認めてくれる司教を見つけて司祭職を果たしているのが現状です。

一口メモ

来日している使徒的生活の会ではパリ・ミッション会、ミラノ外国宣教会、コロンバン会、メリノール会などは宣教会で、神学教育に従事するスルピス会のような会もあります。

修道生活と宣教活動

Q 貞潔の誓願とは結婚しないという誓いですか？

A 貞潔の誓願を立てると独身と純潔の義務が課されますが、その目的は主イエスに倣って人を愛することです。

貞潔の福音的勧告は、神がある特定の人にお与えになる、人の心を解放する恵み（「教会憲章」四二項）です。教会法は、神の国のための貞潔がのちの世のしるしとして教会にとって重要であり、自分のすべてをささげる人にとって豊かな実りの源であるため、独身と純潔（直訳では禁欲）は奉献生活を送る人にとって必須の条件であると定めています〔五九九条〕。旧法典では、三つの福音的勧告が心理的に守るのが容易な順番として清貧・貞潔・従順の順番で示されていたのですが、第二バチカン公会議以降、奉献生活に最も特徴的で重要なものとして貞潔の誓願を第一に挙げることが主流になりました。

貞潔の賜物は、たしかに人間の弱さによるもろさがあります。修道会に入会する際には心理的に成熟していることが求められ〔六四二条〕、貞潔の恵みを守り、育てるための養成も必要です。修道者は貞潔を実践するために祈り、聖体やゆるしの秘跡を大切にし、慎みと節度のある生活を心がけます。メディアを用いる際には必要な分別をもって召命にとって危険であるものを避けなければなりません〔六六六条〕。

貞潔の誓願は、しかし、結婚しないことや禁欲的であることに中心があるのではありません。イエスは自身が独身を貫いただけでなく、弟子たちを「天の国のため」（マタイ19・12）の独身生活に招きます。父母や兄弟など大切な人を失うことは弟子の条件の一つ（ルカ14・26参照）ですが、それはイエスにつき従っていくためです。聖パウロは、独身でいることは人の心を特別に自由にする（一コリント7・32〜35参照）と語りますが、それは主に仕えるためであるとはっきりと教えています。それゆえ、イエスの模範と教えを中心に貞潔を理解することが大切です。

貞潔は愛するための恵みです。修道者には外的な誘惑に対抗するだけでなく、自分は開かれた心をもつ温かい人間だろうかという反省も必要です。霊的指導を受けたり、年配の会員の模範や忠告を大切にする努力にも意味があります。さらに、兄弟愛に満ちた共同生活は、貞潔を生きる大きな助けとなり、証しの力となります。

貞潔の生き方は現代世界の快楽主義へのチャレンジです。性的な魅力が偶像化され、男性や女性がもののように扱われる傾向に対して、人間の弱さの中にも神の愛が花開くこと、多くの人が不可能と思っていることが神の恵みによって可能になることを示す証しが求められています（ヨハネ・パウロ二世　福音的勧告「奉献生活」八八項）。

同時に、修道者は良識と賢明さをもって、他者と少し距離があることが必要です。異性に対してだけでなく、同性や修友に対しても、人によりかかろうとする傾きが強くなることに注意します。原因が疲れ、人間関係の重さ、使徒職の焦りなどなのであれば、行き過ぎないように助け合うことも大切でしょう。

一口メモ

聖職者も天の国のために完全かつ終生の貞潔を守ることは義務〔二七七条一項〕ですが、奉仕職のためにこの生き方を選びます。教区の聖職者に最も求められるのは、司祭職の本質から要求される司教への従順の徳で、公会議も従順・独身・簡素な生活の順番（「司祭生活教令」一五～一七項）で教えを述べています。

Q 清貧の誓願はどんな義務を伴うのですか？

A 清貧の誓願から生じる義務は、修道者が自由に使用し処分できる財産が手元にないことともの が分かち合われることです。

修道者が清貧の誓願を立てると個人的な所有物がいっさいなくなると考える人も多いのですが、法律のうえではやや複雑です。たしかに現行法においても、修道者が自己の働きにより、または会の関係で取得するものはすべて会に帰属するという古代からの伝統は残っており、現代ではさらに年金、手当または保険金その他なんらかの仕方で修道者に支払われるものも会のものである〔六六八条三項〕と明言されています。

しかし、清貧の誓願から生じる法的な義務は、「修道者が自由に使用し処分できる財産が手元にないこと」および「ものが分かち合われること」の二つで、財産を所有する可能性を失うのは、盛式誓願と呼ばれる誓願を立てる修道会（Ordo）の会員です。十九世紀以降に多数誕生した単式誓願を立てる修道会（Congregatio）において修道者が財産を放棄することができるようになったのは、第二バチカン公会議（「修道生活教令」一三項）以降のことです。

現行法は、清貧の福音的勧告は「富んでおられたのに私たちのために貧しくなられたキリスト」（二コリント8・9）に倣うものであると、この地上に生きたイエスの姿を中心に据えています。さらに、清貧の誓願を立てる人には勤勉であると同時に、この世の富に執着しない（マタイ6・20参照）実際的にも霊的にも貧しい生活を送り、それぞれの修道会の法規に従って、財産を使うときと処分するときに長上の許可を得ることが求められています〔六〇〇条〕。

この基本規定に基づいて、修道者は初誓願の前に私有財産があるならば、その管理を自分の望む人に譲渡し、また会憲に別の規定がない限り、財産の使用権と収益権を措置しなければならないと決められています。土地・建物や預金・有価証券など自分の名義で財産をもつことは認められているわけです。所有権を手放さない場合、遺言書は民法上も有効であるものを遅くとも終生誓願の前に作成しなければならない〔六六八条一項〕とあり、こうした措置を変更したり、財産に関するなんらかの行為を行う〔六三九条二項参照〕には、権限を有する長上の許可を必要とする〔六六八条二項〕とも決められています。

財産を完全に放棄しなければならない盛式誓願の修道者は、その証書を終生誓願の前に作成し、効力が誓願宣立の日から生じるようにしなければなりません。単式誓願の修道者が財産の全部または一部を放棄する場合は、終生誓願を立てた後（通常は数年後）に総長の許可を得て実施します〔同四項〕。完全に財産を放棄する誓願宣立者は、財産を取得、所有する能力を失うため、誓願に反する行為は無効とされる〔五項〕と条文にあるのですが、教会法上は無効な行為であっても、国の法律のうえでは有効な経済行為である場合がほとんどなので、実際の生活では修道者がものの使用において長上に対して透明であることが誓願を実践するうえで重要です。

一口メモ

以上は誓願を宣立する個人に関する規定です。修道者が行う貧しい人々への奉仕の勧めは、清貧の誓願から直接に生じるものではなく、修道会や修道院が集団として表現すべき福音的な清貧の規定〔六三四条～六四〇条〕の中に入れられています。

Q 修道院長が命じることはいつでも絶対ですか？

A 命令の内容が可能なことであること、長上の権限として会憲に記されていること、従順の誓願の名によって命じられることの三つの条件が整ったときは従わなければなりません。

貞潔、清貧と並んで従順の誓願は修道生活の初めから大切にされてきたものです。現行法で、この福音的勧告は「死に至るまで従う者となられたキリストに従い、信仰と愛の精神で受け入れるもの」であり、修道会の会憲に従って長上が命ずるとき、会員に意思の服従を義務づける〔六〇一条〕と規定されています。

十字架に至るまで御父のみ旨を生きたキリスト（フィリピ2・6〜8）の姿が模範とされ、さらに条文は「神の代理者である長上が命じるとき」と表現しているのですが、長上は会憲が定める範囲の事柄しか命じることはできません。その権限は会によって、またレベルによって異なります。難しいのは、長上の命令に対して、修道者には単なる外的な行為の服従にとどまらない意思の従順が求められている点です。

従順の誓願は、修道者がすべてを神にささげる手段の一つで、具体的な中身は会の創立の精神に従って変化します。観想修道会では修道院の規律を守るために「戒律」に対する従順と院長の権限が、また兄弟的な交わりを重んじる托鉢会では修道院集会や管区の決定が、そして使徒活動に従事する会では任務に派遣する長上との対話と識別が大切な役割を果たします。神のみ旨はどのようにして見いだされるのかという会の精神が正しく理解されたうえで実践される誓願であるといえます。

従順の誓願の実践に関して、法的には三つの要素が求められます。まず、命令の内容が可能であることです。病気の人に断食を命じたり、個人の能力を明らかに超える事柄を命じることはできません。二つ目は長上の権限として会憲で定められていることです。たとえば、特定の聴罪司祭に告白をすることや会員の心の中にあることを長上に話すことを強制することはゆるされません〔六三〇条五項〕。さらに、命令は従順の誓願の名によって下されることが必要です。活動修道会の場合、総長や管区長という上級長上のみに従順の名において命じる権限を認めている会憲がほとんどです。命じられる内容は、使徒活動に献身する会であれば、どの修道院に住んでどのような使徒職を果たすかに関する事柄が中心で、法は修道者が長上の許可なく自分の会以外の使徒活動を引き受けてはならない〔六七一条〕と定めています。

各修道院の長上の役割は、会員が活動に従事し、修道院の霊的生活を深めるためのもので（それ自体もひじょうに重要なものですが）、緊急の場合以外は誓願を盾にとっての命令は認められていません。

共同体の長が語ることに従う従順の徳はたいへん大切ですが、従わなかったからといって直ちに教会で公に約束した誓願に違反することにはなりません。また、神の代理者として命じるとは、長上が判断において間違うことがないという意味ではありません。従順の誓願は、長上がいつでも絶対に正しいと信じることではなく、神の計画の仲介者である長上に限界があるとしても、愛と信頼をもって従う姿の中に（イエスのように）神の恵みが現れることを信じる信仰のわざです。

一口メモ

近年の教会文書では「統治」の代わりに「権威の奉仕」、「長上」の代わりに「権威の立場にある人々」という表現が用いられるようになっています。

Q どんな人でも修道院に入ることができますか？

A 修道会に入るには、正しい意向をもち、ふさわしい資質を備え、入会の障害がないカトリック信者であることが必要です。

修道会に入るには、正しい意向をもつカトリック信者で、ふさわしい資質を備えており、障害がないこと〔五九七条一項〕が、法が定める第一の条件です。さまざまな修道会があるため、会の霊性を体験しながら祈りや相談を重ねて識別し、会の責任者の判断で入会が許可されます。具体的には、三誓願を生きる、共同生活ができる、他者への奉仕に開かれているなどの資質が求められますが、近年の文書では共同生活が難しい若い志願者が多くなっていることが指摘されています。

志願者を修練期に受け入れることは総長か管区長の権限です〔六四一条〕。修練期を二年間と定めている会が多いのですが、法律上は最短で十二カ月で初誓願を立てることができ〔六四八条一項〕、誓願を立てれば修道者になるので、会特有の生活を営むことができる十分な健康、適性、成熟度を示す者だけに修練を許可するよう注意する〔六四二条〕ことが求められています。

修練期を始めるために障害となるのは、十七歳未満であること（旧法典では十五歳未満）、結婚の絆があること、他の修道会や宣教会に現に入会していること、騙されたり強い恐れから入会を望んでいること、また過去に他の会で誓願を立てた事実を隠していること〔六四三条一項〕の五つです。また、司教の意見を聞かずに教区の聖職者の入会を許可したり、返済できないほどの借金を抱えている人を修練院に受け入れることは禁じられています〔六四四条〕。

それぞれの会の法規は他の障害を定め、条件を設定することができます〔六四三条二項〕。洗礼証明書にカトリック信者であることや堅信や結婚についての記載がなされているので、基本的な情報は得られますが、叙階の秘跡を受けたり、奉献・使徒的生活の会に入会していた人の場合には、それぞれの責任者（司教、管区長など）の在籍（退会）の事実を示す書類が必要とされます〔六四五条〕。旧法典では他の会に在籍したことがある人は修練院に入ることができませんでした。

結婚をした人の場合、配偶者が亡くなっていれば障害はありません。有効な婚姻をした人で、配偶者の存命中に修道院に入りたい場合には、召し出しの可能性を認め、会が受け入れを許可しようとするならば奉献生活会省に条文適用の免除を願うことができます。その際、扶養すべき子どもがいない（すでに成年になっている）、相手方が明確に離別に同意している、民法上の離婚手続きを済ませているなどの条件が満たされることが必要です。

入会の許可を出す長上は、志願者の健康や成熟度を専門家の協力を得て（たとえば健康診断書の提出など）確認する必要があります。同性愛的な傾向がある人の入会に関しては、注意深くあるようにという指示が聖座から出されていますが、各自のプライバシーを守る権利を侵害することは誰にもゆるされない〔二二〇条〕とする規定は守らなければなりません。心理テストの使用に関して、近年の文書は志願者のプライバシーに十分に配慮するように呼び掛けています。

一口メモ

結婚の絆が継続する中で修練期の開始を認められる人は世界で年に五～七人います。

Q 修道者は必ず修道院に住まなければなりませんか？

A 修道者は自分が所属する修道院に住んで共同生活を送らなければならず、長上の許可を得ないでそこを離れてはいけないと決められています。

観想修道会でも、活動修道会でも、修道者は自分が所属する修道院に住んで共同生活を送らなければならず、長上の許可を得ないでそこを離れてはいけない〔六六五条一項〕と決められています。例外的に自分の会の修道院以外で会員が過ごすケース（修道院外居住）にはいくつか種類があります。

修道者が自分の修道院外に短期で滞在する場合（たとえば研修、黙想、帰省、入院など）、修道院長の許可が必要です。長期の場合、一年以内ならば顧問会の同意を得た管区長か総長の許可が必要ですが、どの程度の期間からを長期と呼ぶかの判断は各会に委ねられており、理由が病気療養、勉強、会が派遣する使徒職ならば一年を超える不在の許可を与えてもよいとされています〔同〕。

それ以外の理由（たとえば会の活動から離れて個人で働く、病気の親族の看病をするなど）のときは、聖座法の修道会ならば奉献生活会省、また、教区法の会ならばその会員が住んでいる地の教区司教の許可が必要です。その場合、会員は共同の祈り、修道院の時間割など、共同生活から生じる義務を免除されますが、三誓願から生じる権利や義務はそのまま残ります。

長上への従順を避けるために、許可を得ないで修道院を離れることは違法行為で、長上はその会員を探して、修道生活の召命に徹するよう援助しなければなりません〔同二項〕。こうした不在が六カ月を超える場合、会から除名する理由になり得〔六九六条一項〕、近年の法改正で無断で修道院を離れた会員が一年以上連絡不能になった場合には、手続きなしに除名される〔六九四条一項三号〕ことになっています。

終生誓願を立てた会員が修道院外に住むもう一つの方法に禁域法免除と呼ばれるものがあります〔六八六条一項〕。これはたとえば共同生活ができない、召し出しを考え直すなど重大な理由があるときに、総長が顧問会の同意を得て三年間まで認めることができます。期間の延長や三年以上の許可は聖座・教区司教に願いますが、病気の親族の世話などの場合、比較的容易に与えられます。

禁域法免除の場合、共同生活を送る義務だけでなく、会以外の活動や自分だけの時間割の許可を長上から得ること（従順の誓願）や、収入を分かち合い会計報告を正確に行うこと（清貧の誓願）など、新しい生活条件と相容れない誓願上の義務が一部免除されます。修道服は着用する可能性がありますが、その期間、会の中で選挙権と被選挙権がなくなります〔六八七条〕。

誓願を立てた会員が、自分が望まないのに修道院の外に住むことを命じられるケースは禁域法免除の命令〔六八六条三項〕と、修道院からの追放〔七〇三条〕の二つです。前者はもともと観想修道会の会員が精神的な病にかかった場合の措置として講じられたもので、会員が修道院から追放されるのは、外的で重大なつまずきを起こしたり会を脅かす重大な損害があることが条件です。いずれの場合も管区長や総長が手続きを始め、聖座か教区司教が決定するという慎重な手順が必要とされています。

一口メモ

聖職者が禁域法免除の許可を受ける場合、新しく住む地の司教あるいは総代理に事前に許可を得なければならず、公にミサやゆるしの秘跡を行うことの判断は教区の責任者が行います。

COOKING

Q 日本はまだ宣教地なのでしょうか？

A 第二バチカン公会議はまだ教区になっていない地域を宣教地と呼ぶことにし、現行法はそれを受けて「若い教会が完全に確立されるまで」と表現しています。

フランシスコ・ザビエルが到着して以来、日本は久しく宣教地であり、西洋から多くの宣教師がやってきました。今、宣教にやってくる司祭、修道者の数は大きく減り、しかもアジアやアフリカ、ラテンアメリカからやってきます。司祭が不足している地域で、日本は宣教地だから宣教師を送ってほしいという声が聞かれることがあります。

伝統的な意味で宣教とは教会を創設する（「植えつける」という表現が用いられました）ことです。宣教は教会から派遣された福音の伝達者が、世界のあらゆるところに行って、キリストをまだ信じていない人々や団体の中で福音をのべ伝え、教会を植えつける務めを果たそうとする「特別な」活動（「宣教教令」六項参照）の総称でした。

現行法に従うと、宣教地であるとは「若い教会が完全に確立されるまで」を指し、それは教会が自立的に福音宣教のわざを果たすことができる力と手段を備えることができるようになるまで〔七八六条〕のことをいいます。旧法典における宣教地の定義は「まだ位階制が確立していない場所」〔二五二条〕で、公会議は具体的に「まだ教区になっていない地域」を宣教地と呼ぶことにしました。こうした定義に従うと日本がすでにその対象でないことは明らかです。

法的に教区以外の地域は、教会の制度がどの程度まで確立しているかによって、使徒座の「代理区、知牧区、管理区」〔三六八条一項〕に区分されます。区別の特徴は（代理者ではなく）固有の司牧者として司教が任命されているかどうかです。日本の教会がすべて教区になったのは一九四〇年のことで、それまでは「代牧区」と呼ばれる地域が存在していました。

第二バチカン公会議は、どの地域が宣教地であるかを定義するよりも、宣教とは何であるかを神学的に説明することに力を注ぎました。第一の結論は、教会そのもの（神の民）が宣教者であり、宣教は教会の基本的なあり方である〔七八一条〕という理解でした。公会議以降「海外宣教」や「異教徒の改宗」などの用語は減り、教会の使徒的な活動は基本的に「福音宣教」と呼ばれるようになりました。宣教は特別に訓練を受けた聖職者や修道者の独占物ではなく、すべてのキリスト信者が自分の役割を果たし、小教区が宣教共同体であるとの意識が共有されて信徒の宣教派遣〔七八四条参照〕が認知され、近年は教会運動が宣教に大きな役割を担っています。
ただし、共同で宣教するとっていっても、皆の役割が同じになるわけではありません。司教は自己の部分教会において宣教活動に対し特別に配慮〔七八二条二項〕しなければならず、主任司祭は真の信仰を宣言していない人々にも福音が及ぶように努め〔五二八条一項〕、奉献生活の会の会員は宣教活動に熱心に奉仕する義務があり〔七八三条〕、信徒は現世的事柄の秩序に福音的精神を浸透させ，完成する特別の義務があります〔二二五条二項〕。

一口メモ

一九一七年公布の法典に宣教に関する条文はなく、公会議まで宣教地には布教聖省が定める特別の法規が適用されていました。宣教活動という要素が法典に入ったのは近年のことで、宣教地はあくまで特別扱いという姿勢が教会にはありました。

Q 宣教の目的は信者の数を増やすことですか？

A 現代の教会で宣教とは、信者を増やすことだけではなく、もともとカトリック国と呼ばれた地域での再宣教に取り組むことも指しています。

現行法典の中で教会の宣教活動〔七八一～七九二条〕は第四集の「教会の教える任務」に組み入れられています。神のことばを伝え、信仰教育をすることばの奉仕職（第一部）と学校などによるカトリック教育（第三部）、メディア（第四部）の間に置かれ、キリスト自身が宣教者であったことを基礎とし、宣教活動がさまざまの手段で行われることが示唆されています。

カトリック教会の宣教活動が植民地政策と重なった歴史を有する地域があり、国の独立と同時に宣教師が追い出された事例もあります。近年では「宣教地あるいは宣教師（missionary）」という言葉よりも「使命、派遣（mission）」という表現が好まれるようになりました。しかし、政治的な反省や適切な語彙を見つけることで課題が解決されるのではありません。

教皇ヨハネ・パウロ二世は、現代において宣教の対象となるのは地域ではなく分野であり、対象や内容を区別した宣教の研究が必要であると語りました。それは①まだ教会を体験していない人々や社会的な状況

②司牧者がいて、信仰を生き、信者の間の交わりがある共同体
③伝統的にカトリック国であったけれども、すでに信仰を実践していない人々への「新たな宣教あるいは再福音化」（「あがない主の使命」三三項）の区別です。

現代、従来宣教地と呼ばれた地域だけに福音化が必要であるという状況ではなく、教皇ベネディクト十六世は聖座に新しい組織である「新福音宣教評議会」という、もともとはカトリック国と呼ばれた地域での再宣教に取り組む部署を新設しました。

また、近年は教会の活動がゆるされない（たとえばいくつかのイスラム）地域や国家において「存在による使徒職」が唯一可能な宣教形態であることが認知され、活動に固執しない福音化も受け入れられています。

宣教の方法として、以前は「生き方による証し」は福音宣教や教会設立の手段としてさほど重視されていませんでした。公会議は「生活の証しをもってなされるキリストの宣教」（「教会憲章」三五項）を教え、宣教者は生活と言葉の証しによって真

撃な対話を行うよう求められます〔七八七条一項〕。法典が対話という言葉を用いるのは宣教の個所だけです。

法典には、各教区に宣教者の召命を推進し、宣教を担当する最低一名の司祭が任命され、毎年、宣教の日を設け、宣教のために適当な献金を聖座に納める〔七九一条〕とする協働のための規定があります。ただ、信徒が活躍する場についての規定はまだ多くはなく、これからの課題です。

近年のメディア、特に通信手段の発達には目を見張るものがあり、教会の中でもブログやツイッターが用いられることは珍しいことではありません。メディアの変化の早い時代に、教会の公文書や教区報などの内部文書に斬新なものが出にくいことは残念ですが、宣

教と司牧を区別して考えることも必要です。司牧に用いられるものは従来の形のものでも、宣教には新しい形と手立てが用いられることは可能であり、特に信徒の活躍の場として注目されています。

一口メモ

宣教が必ずしも他宗教からの改宗を目指しているのではないとはいえ、法典は洗礼志願者を受け入れることを宣教者の務めと明言し〔七八七条二項〕、洗礼志願期についていくつかの規定を定めています〔七八八条〕。

教会財産と教会刑法

Q 教会法では遺産相続はどう決められているのですか？

A 教会法は、契約や相続にかかわる事柄についてはそれぞれの国の法律に従うことを求めています。

教会にも財産があり、動産や不動産の管理、知的財産や銀行口座という事柄に教会が無縁でいられると考える人はいないと思います。私有財産をもたない修道者でも、金銭なしで生活しているわけではありません。教会維持費について法の規定があることは想像できるでしょう。では、教会法は、個人の財産について、たとえば相続について何かを定めているのでしょうか。教区司祭が財産を残して亡くなった場合や、教会に寄付をしたいという信徒の遺言が見つかったら、どう配慮されるのでしょうか。

教会法には「教会財産」という章（第五集）があります。そこで教会財産と呼ばれているのは「教会公法人に属する財産」〔一二五七条一項〕で、公法人格をもたないグループや個人が所有する財産には適用されません。カトリック教会で公法人格を有するのは、聖座や教区のほか、司教協議会、修道会・宣教会や神学校、身近なところでは小教区や修道院などです。このほかに一定の手続きを経て、教会内の人やものの集合体が公法人格を得ることができます。

こうしたグループに属する財産は「教会財産」と呼ばれ、第五集の規定とそれぞれの法人認可の際に承認された規則に従うことになっています。聖職者〔二八一～二八二条〕や修道者〔六六八条〕の個人財産（いずれも、あるならばの話ですが）の管理について若干の規定はあるものの、相続に関する規則はありません。小教区の財産と教区司祭の財産、修道会の財産と修道者の個人財産は区別され、教会財産法が扱っているのは前者です。

第五集では、教会公法人の財産の取得や管理、譲渡が主に扱われ、会計係がいることや決算報告の義務、経済問題評議会のような同意や諮問をする機関が必要であると定められています。聖職者の生計維持、教会への寄付、神聖物の取り引き、秘跡の際の謝礼など、教会の収入に関する規定があり、教会財産の売買や譲渡の基準と手続きも決められています。個人の私有財産について、教会はどのように信仰と財物との関係を生きればよいか、貧しい人々への愛のわざなどについて考え、司牧者が公式に教えます（教会の社会教説）が、個人間の金銭問題について法律で規定をしていません。同時に、財産にかかわる事柄や、契約やその履行一般に関して、教会がかかわるときには「国家法の規定を順守しなければならない」〔一二九〇条〕と、それぞれの国の法規に従うことを定めています。

国家の法律が神法に反する場合、または教会法で特別の定めがある場合は例外です。個人財産があり、それを自由に処分できる人は、信仰上の理由で教会に財産を寄付することができる〔一二九九条一項〕と定めていますが、遺産として〔遺言で〕残す場合には、できる限り国家法上も有効な方式が順守されるように〔同二項〕求めています。

一口メモ

第五集は全部で五十七条で、現行法の全七集の中では最も短い部分です。旧教会法典でも財産法は全五十七条で、教会の普段の生活では耳にしない専門用語が多く使用されています。

Q 教会はどのくらい財産をもってもよいでしょうか？

A 教会法は額を示すことはせず、財産が教会が示す目的に沿って用いられているかどうかを基準にします。

現行法典の「教会財産」の最初の条文に「カトリック教会は、固有の目的を追求するために財産を取得、所有、管理、譲渡する権利を有する」とあり、その目的として「神への礼拝を行うこと、聖職者と奉仕者の相応の生計を保障すること、使徒的活動と愛徳の活動、特に貧しい人々への奉仕を行うこと」〔一二五四条〕を主なものとして挙げています。

財産法は「教会に固有の目的」という表現を盛んに用います。教会は固有の目的のために必要なものを信者から徴収する権利を有する〔一二六〇条〕とか、信者は教会の目的に必要なものを援助する義務がある〔二二二条一項〕、あるいは財産管理者は信心上の目的、キリスト教的愛徳の目的で寄付ができる〔一二八五条〕と表現されます。

神の礼拝、奉仕者の生計、使徒職と愛のわざという教会法が掲げる三つの目的は、第二バチカン公会議が、教会はこれらのために財産を所有することがゆるされるが、その目的を外れることに財を用いることはできない（「司祭役務教令」一七項）と明言したことを受けるものです。

神への礼拝を整えることには、祈りや秘跡に必要な物品と場所を整備すること、教会堂や礼拝堂の建築、維持・修繕、適切な装飾が該当します。ほかに収入の道がなく、時間と力を宣教や信者の世話に注いでいる聖職者・奉仕者の生計の維持については、聖パウロの書簡に「福音を述べ伝える人たちには福音によって生活の資を得るように」主が指示した（一コリ9・13〜14）とあります。条文は「正当な生計」としており、最低限の衣食住だけでなく、霊的・文化的な養成も含み、条文から聖職者だけでなく、職務に従事する修道者や信徒も指すことは明らかです。

使徒職とは、福音宣教と司牧のための活動と必要な手立てを指します。メディアや学校などの施設、宣教地を援助することや福音的な正義を促進する活動も該当します。もっている財産を進んで貧しい人のために用いることは、使徒時代にすでに勧められて（ローマ15、一コリ16）いることです。公会議は「愛のわざは教会の義務、譲ることができない権利」（「信徒使徒職教令」八項）であり、キリストが教会に託した使命は、宗教の領域に属するが、それには当然、愛の事業、特に困窮している人々への奉仕を目的とする仕事を起こすことが含まれる（「現代世界憲章」四二項）と表現しています。

歴史上、教会が財産の使い方を誤ったことは何度もあり、今日の教会も例外であるとは誰にも言えません。教会法はどのくらいという額を示すことではなく、財産がその目的に沿って用いられているかを基準にして判断するという原則を示しています。

一口メモ

先に引用した公会議文書の脚注を見ると、教会財産の三つの目的はアンティオキア教会会議（三四一年）の決定事項（第二五条）に遡るものであることがわかります。現行法には千七百年前からある規定が残っていることが、教会の歴史の長さを感じさせます。

Q 教会でも会計報告は必要ですか？

A 教会法は会計報告がなされない団体が出ないように配慮をしています。

教会法で「教会財産」とはカトリック教会の公法人に属する財産を指します〔一二五七条〕。教区、小教区、修道会などの責任者（司教、主任司祭、長上など）は法人に属するすべての財産の管理を入念に監督する責任を有し〔一二七六条一項〕、どの法人も経済問題評議会か、少なくとも二人の相談役が置かれ、財産管理者の任務を助けなければならない〔一二八〇条〕と定められています。

財産管理者はすべて年度末に管理報告書を作成しなければならない〔一二八四条二項八号〕とあるのですが、教区ごとに会計係がいなければならないという規定はカルケドン公会議（五世紀）にすでに見られ、八世紀の第二ニケア公会議ですべての修道院にも要請される事柄になりました。年に一度の会計報告は十三世紀の第二リヨン公会議ですべての法人に課されることになって今日に至っています。

教区司教の権限下にある教会財産の管理者は、聖職者も信徒も、毎年地区裁治権者（教区司教、司教総代理、司教代理）に財産管理報告書を提出しなければならず、その報告書は経済問題評議会の審議に付される〔一二八七条一項〕ことになっています。

条文は「これに反するいかなる慣習も排除される」という、現行法ではあまり用いられなくなった強い但し書きをつけて例外を認めない姿勢を示していますが、もともとはトリエント公会議（十六世紀）の教会改革の一つとして決定された事柄でした。

教区会計は会計報告を経済問題評議会に提出し〔四九四条四項〕、他の公的会の財産管理者〔三一九条一項〕、修道会、管区、修道院の会計係〔六三六条一項〕にもその義務がありますが、時期と報告の仕方は、教区や会の規定、それぞれの団体の規則に委ねられています。外部との接触をもたずに観想生活を送る自治隠世修道院も毎年一回、地区裁治権者に財産の管理を報告する〔六三七条〕ように定められ、会計報告がなされない団体が出ないように教会法は配慮をしています。

現行法は教区会計に、経済問題に精通し、真に誠実な者〔四九四条一項〕が任命されなければならないと定めています。教区の経済問題評議会には少なくとも三名のキリスト信者が任命されること〔四九二条一項〕、小教区の経済問題評議会のメンバーは規定によって選出されたキリスト信者が任命されること〔五三七条〕が定められています。旧法典では、会計にかかわる人が信徒である場合、「思慮深く有能で評判のいい男子」が例外的に認められていました〔一五二一条一項〕が、現行法に性別への言及はなくなりました。

一口メモ

教会財産の管理に適法な資格をもって参与する人はすべて「聖職者にせよ信徒にせよ」自己の任務を教会の名において果たさなければならない〔一二八二条〕と、聖職者以外も任命されることが念頭に置かれていますが、教会財産にかかわる任務は広義の「教会職」〔一四五条〕に当たるため、カトリック信者であること〔一四九条一項〕が求められます。

Q 経済問題評議会にはどんな役割がありますか？

A 評議会は、毎年教区全体のための予算を作成し、決算を承認する務めがあり、教区会計は年度の終わりに財産管理報告書を評議会に提出しなければなりません。

第二バチカン公会議の開始からすでに半世紀以上の年月がたちますが、公会議は典礼や秘跡の実践など多くの変化をもたらしました。教区内に設けるように求められた組織にも新しい要素が加わり、各教区に必ず設置しなければならない経済問題評議会にもいくつかの変更点が見られました。この評議会（諮問会議）は司教によって任命される少なくとも三名の信者（教会法で信者という場合、聖職者と修道者と信徒のすべてを指します）によって構成され、教区司教かその代理者が議長になります。委員は五年任期で任命され、再任が可能です〔四九二条〕。旧法典では管理委員会〔一五二〇条〕と呼ばれ、男性でなければ委員になることができませんでした。

教会財産を扱う関係で、委員は人格高潔でなければならないという条件がついていますが、特に重要なのは経済と国家法に精通していることです。司祭の中に専門家がいないとは限りませんが、信徒あるいは職業を有している終身助祭により適した人がいると考えるのが順当です。その場合、しかるべき学識に秀でた信徒は、専門家または顧問として諮問機関において牧者を援助することができる〔一二二八条二項〕とする規定の具体的な適用といえます。評議会は、毎年教区全体のための予算を作成し、決算を承認する務め〔四九三条〕があり、教区会計は、年度の終わりに財産管理報告書を評議会に提出しなければなりません〔四九四条四条〕。さらに法典は、通常とは異なる管理行為〔一二七七条〕や司教協議会が定めた額を超える財産の譲渡〔一二九二条一項〕を教区が行う場合に、評議会の同意を必要としています。

評議会の意見を聞くことが求められるのは、教区会計の任命と解任〔四九四条一、二項〕、小教区などに課する負担金の決定〔一二六三条〕、教区のより重大な財産管理の行為〔一二七七条〕、何が通常の管理を超える行為であるかを定めること〔一二八一条〕、教会に贈与された金銭や動産の保管と投資〔一三〇五条〕などの場合です。

法律によってこれらの同意と諮問が求められているのにそれが果たされない場合、司教の決定は無効となります〔一二七条〕。同意を求められる場合は、出席している委員の過半数が賛成しなければなりません。同時に、教会の財政は効率や正確さが一番の基準になるのではないので、司牧の視点が組み入れられるように、通常は司祭評議会あるいは司祭の顧問団の意見や同意も平行して求められます。

委員は立場上、正しい法の知識と健全な経済の仕組みだけでなく、教会が教える賃金や財産の使用目的についての社会教説（回勅など）を知っていることが望まれます。また、忠実に仕事をするだけでなく、知り得た秘密について口外しないこと〔四七一条〕も求められます。

小教区でも、財産の管理については、主任司祭を助けるために経済問題評議会が設置されることは義務です。法典による規定のほかに教区司教によって定められる規則にしたがって任務を果たします〔五三七条〕。

一口メモ

司教の第四親等までの血族と姻族は、教区の経済問題評議会の委員となることができないと決められています〔四九二条三項〕。

Q 教会法上、ゆるしの秘跡でゆるされない罪がありますか？

A ありません。ただし、教会法で規定されている重大な犯罪を犯して破門されると、ゆるしの秘跡を受けられなくなります。

ゆるしの秘跡が成り立つためには、犯した罪を悔いること、罪を告白すること、司祭から赦免の言葉を受けること〔九五九条〕が必要で、それで十分です。しかし、ゆるしの秘跡を受けることができない場合があります。それは、教会法で規定されている重大な犯罪を犯したために破門されてしまう場合で、まれなケースですが事例は存在します。

教会法典に「教会における制裁」を扱う部分（第六集）があり、八十九の条文があります。旧法典では「犯罪と刑罰」と呼ばれ、二百を超える条文がありました。罪とは神の教えである愛から離れるか、教会が定めた規則を破る行いであり、良心（法律では内的法廷と呼ばれます）にかかわる事柄ですが、教会法にその一覧表はありません。犯罪は、本人に責任がある、重大な事柄に関する外的な違反で、法典にその一覧表があり、外的法廷（教会裁判所あるいは司教の面前）で扱われます。教皇フランシスコは二〇二一年に第六集をより司牧的でより精密に改定しました。

教会はキリストがもたらした罪のゆるしの上に成り立っているので、犯罪に関しても国家の法制とは大きく異なる体系をもっています。第六集の一条目で、信者を制裁に服させることは教会の権利である〔一三一一条〕と明言していますが、刑罰は真の必要がある場合にだけ制定され〔一三一七条〕、裁判所の判決によって課されなければなりません〔一三一四条〕。各教区において司教が裁判長であり、補佐するために法務代理が教会法の専門家から任命されます。現行法が定める犯罪には、信仰の一体性に関するもの（たとえば異端）、教会の権威や自由に関するもの（たとえば聖職者への暴力）、教会の任務に関するもの（たとえば秘跡の偽装）、特殊義務に関するもの（たとえば聖職者の結婚）などがあります〔一三六四〜一三九八条〕。

刑罰の最も重いものとして破門があり、宣告されると秘跡を与えることも受けることもできなくなります〔一三三一条〕。重大な場合、聖職者ならば聖職者身分からの追放もあり得ますが、通常は何かの行為を禁止・制限するもので、禁固刑や罰金刑はありません。課される制裁は必ず愛のわざか霊的な事柄（たとえば祈り）です。

例外的に、判決によらずに有罪となる重大な違反行為があり、それを「伴事的」

制裁〔一三一四条〕と呼んでいます。現行法を制定する際に廃止しようとする動きも強く見られました。たとえば堕胎がそれにあたり〔一三九八条〕、裁判所で有罪の判決を受けなくても、また誰にも知られていなくても事実自体で破門となります。こうした場合、ゆるしの秘跡を受けるために、まず外的法廷で破門を解いてもらわなければなりません。

このように秘跡を受けられないケースは考えられますが、罪を犯したことが明確で、悔いあらためる心が明らかならば、ゆるしの秘跡でゆるされない罪はありません。

一口メモ

堕胎は聖座に留保されていない伴事的破門制裁です。日本で叙階された司祭の場合、ゆるしの秘跡の場で堕胎の犯罪の告白があったならば、破門を解く判決を出す過程を省略してゆるしを与える権限が与えられています（「司祭への権能委任書」一一）。

Q 愛国教会による司教叙階には問題がありますか？

A 教会法が、教皇の委任がなければ司教聖別をしてはいけないと定めていることが、摩擦を起こす場合があります。

以前、中国政府公認のカトリック教会「天主教愛国会」において、教皇の委任を得ないまま二人の司教が叙階され、教皇が深く遺憾に思う旨の声明を発表したと報道されたことがありました。教皇を頭とする司教団が最高の権限をもつ〔三三六条〕カトリック教会において、司教団の一致は教会の生命にかかわる事柄で、そのため教皇だけが司教の任命権をもっているからです。

教会法は、司教を叙階するための教皇委任があらかじめ確実なものと知られないかぎり、どの司教も司教聖別を挙行することはゆるされない〔一〇一三条〕としています。教皇の指令なしに司教の叙階を行う司教、またその司教から司教叙階を受ける者は、使徒座に留保された伴事的破門制裁を受ける〔一三八二条〕と「教会における制裁」において、最も重い刑罰が定められています。ただし、叙階の秘跡の有効性には、洗礼を受けた男性〔一〇二四条〕であることだけが必要なので、式が司教によって行われるならば、叙階の秘跡そのものは有効です。

破門を解くことが使徒座に留保されている伴事的懲戒罰には以下のものがありま

す。①不敬の念をもって汚聖の目的のために聖体を持ち去るか保持すること〔一三六七条〕②ローマ教皇に対して身体的な暴力を振るうこと〔一三七〇条一項〕③十戒の第六戒（「姦淫してはならない」）に反する行為について自分自身の「共犯者」に司祭がゆるしの秘跡を与えること〔一三七八条一項〕④秘跡上の告白の秘密を守る義務を聴罪司祭が破ること〔一三八八条一項〕と並んで、上記の⑤教皇の指令なしに司教叙階を行うことがあります。

近年、これに⑥女性の叙階を試みる司教と叙階の対象となった女性が加わりました。いずれにいてもほとんどの場合は、聖職者でなければ行うことができない事柄です。これらの場合、ローマにある使徒座内赦院に手紙を書くか出向くかして措置を願うことになります

以上の件で、教皇の声明文は、中国における叙階が教皇との交わりが完全には認められていない状態で、また聖座が把握している情報によれば圧力と脅威を受ける中で行われたことに言及しています。教会法は、犯罪が恐怖や緊急の必要で為され

た場合、刑罰が免除され得る〔一三四五条〕と述べています。関係者の良心や信仰上の自由が十全な形で保証されているとはいえない状況下で、空位になっている教区に司教を送る必要のために行われた行為であり、破門の条文は厳格には適用されないと考えられています。

一口メモ

中国と外交関係を結ぶのはバチカン市国ではなく聖座です。教皇ベネディクト十六世の就任以来、聖座と中国の間に関係正常化に向けた動きがあり、香港に枢機卿が任命され、教区司教の叙階が双方から承認されるなど、位階制のレベルでも雪解けが少しずつ進み、教皇フランシスコの代になってさらに歩み寄りが見られます。

第二部

秘跡・準秘跡

秘跡

Q 秘跡を授けることができるのは司祭だけですか？

A 堅信、聖体、ゆるし、病者の塗油の秘跡は司祭にしかできません。

ミサをしたり、ゆるしの秘跡を授けたりするのは司祭でなければできない、ということは知られていると思いますが、教会の歴史のうえでいつでもそうであったのか、現在、秘跡が有効であるためには誰が授けることを教会法が求めているかを、司牧の任務に就く人は正確に知っておくことが必要です。

教会法典は、普通の状況で秘跡を授ける奉仕者を「通常の執行者」と呼んでいます。洗礼の通常の執行者は司教、司祭および助祭である〔八六一条一項〕とか、堅信の通常の執行者は司教である〔八八二条〕という具合です。ただし、洗礼は主任司祭の特別の務めである〔五三〇条一項〕と定めて受洗後の司牧に配慮し、他方、通常でない状況も考えて聖職者がいない場合、地区裁治権者（司教など）に選任を受けた信者やカテキスタ、また必要ならば信者でなくても有効に洗礼を授けることができる〔八六一条二項〕と明言したりしています。

司祭にしかできない場合には「司祭のみ」とはっきり書かれています。聖体の秘跡を執行できる奉仕者は有効に叙階された司祭のみである〔九〇〇条一項〕、ゆるしの秘跡の執行者は司祭のみである〔九六五条〕、などはその例です（司教は司祭でもあるのでそう表現されています）。

特殊といえるのは叙階の秘跡で、聖なる叙階の秘跡の執行者は聖別された司教である〔一〇一二条〕とあり、「通常の」とも「司教のみ」とも書かれていません。これは中世のヨーロッパで、遠隔の地に宣教に出かける司祭や、実質的に司教区のように地域を統治していた大修道院の院長である司祭に、教皇が司祭叙階の権限を認めていた実践が背景にあります。

歴史の中で、授けることができる人が変化している秘跡もあります。病者の塗油は、現行法で有効に執行できるのはすべての司祭、かつ司祭のみである〔一〇〇三条一項〕と厳しい制限を加える表現が使われているのですが、八世紀までは聖別された油を秘跡と呼んでおり、その油が用いられるならば聖職者以外の人が授けても有効でした。

堅信の秘跡は、東方カトリック教会では幼児堅信が通例なので、洗礼を授ける司祭がそのまま堅信も授けます。堅信を司教に留保するようになったのは、すべての人が幼児洗礼を受けていた近代までのヨーロッパの習慣が背景にあります。現在は、成人洗礼まで実際に導いた場合、他のキリスト教会の信者をカトリック教会に受け入れる改宗式の際、あるいは死の危険にある信者を前にしたときの三つの場合は司祭も授けることができる〔八八三条〕とされています。

婚姻は、信者である新郎と新婦が生涯を与え合うという約束をするとき、互いに対して秘跡を与えます。ですから片方だけが洗礼を受けている場合は秘跡は成り立たず、またこの合意を表すことを求め、教会の名においてそれを受け取る立会人がいなければ結婚は成立しないと定めています。

婚姻に立ち会うことができるのは、司教か主任司祭、これらの司牧者から委任を受けた司祭と助祭です〔一一〇八条〕。

一口メモ

初代教会から塗油は病気の苦しみを和らげることに主眼がありました。九世紀ごろから秘跡が罪のゆるしや臨終の聖体拝領とかかわるという教義が発展して執行者が司祭に限定され、トリエント公会議（十六世紀）が終油と呼び、執行は司祭のみと限定しました。

Q

プロテスタントの信者はカトリック教会で聖体拝領ができますか？

A

死の危険あるいは重大な必要がある場合以外、教会法は他宗派との秘跡における交わりにはかなり慎重です。

「洗礼は一つ、信仰は一つ」で、カトリック以外のキリスト教の教団・教派にも洗礼の秘跡は共通にあるのですが、それ以外の秘跡については、他の宗派とカトリック教会では理解の仕方も実践の方法も異なるのがほとんどです。たとえば聖体ならば、十字架のいけにえが世々に継続され、主キリスト自身がその中に現存し、それを食物としていただく神の民の一致が実現し〔八九七条〕、キリストに代わって聖体の秘跡を行うことができる奉仕者は有効に叙階された司祭だけである〔九〇〇条一項〕とカトリック教会は信じていますが、これは他宗派も認めている教えではありません。

実際、日本のようにカトリック信者の数もカトリック教会の数も少ないところでは、いつでも望むときに秘跡に与かることができません。聖公会だけでなく、プロテスタント教会ともエキュメニズム〔キリスト教一致促進運動〕の動きは少しずつ進んでいるのですが、教会法は他宗派との秘跡における交わりにはかなり慎重です。

秘跡に関しては、「カトリックの奉仕者が適法に秘跡を授与するのは、カトリックのキリスト信者に対してのみ」〔八四四条一項〕であるのが原則です。例外は洗礼の秘跡で、必要な場合、適切な意向をもっていれば、誰でも（キリスト者でなくても）有効、適法に洗礼を授ける〔八六一条二項〕ことができます。

カトリックのキリスト信者がカトリック以外の教会の奉仕者から秘跡を受けるためには、その教会が秘跡を有効なものとしてもっていることが必要で、具体的には東方教会（正教会）がそれにあたります。カトリックの信者に真に霊的利益がある場合、例外が認められますが、条件は、誤謬や（どの教会でも秘跡には変わりなどないという）無関心主義の危険が避けられること、カトリックの奉仕者に近づくことが現実に、あるいは通常の状態で考えるなら不可能であること、ゆるし、聖体、病者の塗油の秘跡に限られることです〔八四四条二項〕。他宗派の人がカトリック教会に来た場合、まずカトリック教会と完全な一致を有していない東方教会の信者が対象の場合は、その信者が自発的に求めている、ふさわしく準備しているという条件が満たされれば、カトリックの奉仕者は上記の三秘跡を問題なく授けることができます〔同三項〕。それ以外、たとえばプロテスタント教会の信者だと、死の危険が迫っているか、教区司教か司教協議会が定めるほかの重大な必要がある場合に限られます。この場合でも、信者が自発的に秘跡を求めている、自分の教団の奉仕者に近づくことが実際に不可能である、受けようとする秘跡についてカトリックの信仰を表している、ふさわしい準備ができている、という条件が満たされないと、カトリックの奉仕者は秘跡を適法に授与することはできません〔同四項〕。

以上の事柄について司教や司教協議会は、カトリック以外の教会、または教団の責任者に相談した後でなければ一般的な規定を制定してはならない〔同五項〕と決められており、実践にはたくさんの条件を満たすことが必要です。

一口メモ

日本の司教団は「エキュメニズム委員会が全司教の賛同を得、聖座の承認を受けて発行した文書『エキュメニズム・ガイドライン』の実践規定に従う」と定めています。

Q

信者でなくても洗礼の代父や結婚の証人になることができますか？

A

証人にはなれますが、代親になることはできません。

洗礼には代父代母いずれか一名あるいは両方を置く〔八七三条〕ことが求められます。代親は教会に洗礼志願者を紹介し、信仰の歩みに同伴する務めがあり、成人洗礼の場合、入門式や志願式から果たすべき役割があります（『成人のキリスト教入信式』四四項）。洗礼でも堅信でも、代親は共同体である教会への橋渡し役をする人です。昔は親も若くして世を去る危険が高く、その場合、残された子の面倒は代父母が見る習慣がありました。現在はそうした社会的な役割よりも霊的な役割が求められているといえます。

洗礼には「可能な限り」代親を置く〔八七二条〕と定められているので、代親は秘跡の有効性にはかかわらず、また実際に洗礼式に臨席できなくても代親であることができます〔八七五条〕。しかし教会で信仰を実践するのを助けるという役割から、十六歳以上であること、堅信や初聖体を受けていること、ふさわしい信仰生活を送っているカトリックの信者であること〔八七四条一項〕が求められます。

カトリック教会で有効な婚姻とされるのは、結婚する二人の間に婚姻を無効にする障害がないこと、結婚の合意が明らかな形で交わされること、そして教会の法が定める方式が守られることの三条件を満たす結婚です。新郎新婦の少なくとも一方がカトリック信者の場合、証人が臨席する方式が守られないと結婚は成立しないとされ〔一一一七条〕、証人は婚姻の有効性にかかわる存在です。

教会法が定める挙式には、権限をもつ司教、司祭、助祭、そして二人の証人〔一一〇八条一項〕が必要です。聖職者は式に立ち会い、生涯にわたる婚姻の合意を表明することを求め、二人の誓約を教会の名において受け取る〔同二項〕のが任務で、証人はそれを確認するのが役割です（法典の日本語訳では証人が立会人として振る舞うように読めますが、立会人〔聖職者〕と証人の役割は原文では区別されています）。見届けるのが役割なので、理性を働かせることができる人であれば誰でも果たすことができ、それができるならば、信徒であることも、夫婦である必要もありません。両方が男性（女性）でもいいですし、修道者でも聖職者でもかまいません。ただし、法的証言能力の有無から十四歳以上であること〔一五五〇条一項参照〕が必要であると考えられます。
式に立ち会うだけでなく、秘跡の種々の恵みを伝え、受洗（堅信）後、キリスト者としての生活をふさわしく送り、信者の務めを忠実に果たすよう世話をする責任が代親にはあります。日本の結婚式には仲人が立つのが通例で、カトリック教会でも夫妻で証人を務める人々を目にしますが、証人は仲人とは役割が異なり、結婚式後の生活に対する責任を法律は証人に求めていません。とはいえ、生涯にわたる愛と忠実の誓約を見届ける証人には、家庭を築く二人の決心を見守る役割があることはたしかです。

一口メモ

カトリックでない教会に所属する受洗者（たとえばプロテスタントの信者）は洗礼や堅信の代親にはなれず、証人になること〔八七四条二項〕だけができます。

Q あとになって洗礼名を変えることができますか？

A 理由を述べて教区本部に変更を願い出ることは可能だと考えられます。

以前、親につけてもらった洗礼名をどうしても好きになることができないので、大人になって変更することができるかと質問されたことがあります。質問に答えるためには、洗礼名とは何であるか、洗礼台帳に記載された内容を変更できるかという二つの問いに法律の面から考えることが必要です。

洗礼名とは、洗礼式の際に与えられる名前で、霊名とも呼ばれます。幼児洗礼の場合、とりなしや保護を願う意味でつけられ、成人洗礼では信者としての生き方の模範とする意味合いで選ぶのが一般的であることでしょう。いずれにしても聖人の名前の中から選ばれることが多いと思います。

キリスト教に改宗する人に新しい名前を与えることは、すでに三世紀に見られる古い習慣ですが、中世以降、キリスト教国で幼児洗礼が通例になると、洗礼時につける名前がそのまま本人の名前となり、宗教改革でプロテスタントが聖人への崇敬を拒否すると、カトリック教会は洗礼の際に聖人の名前を選ぶことを義務とするようになりました。

旧法典では、洗礼のときに聖人あるいはキリスト教的な名前（信仰、愛、救い主など）が与えられるように配慮するだけでなく、それがない場合、主任司祭は両親がつけた名前に聖人の名を加え、洗礼台帳に両方の名を記入しなければならない〔七六一条〕と定められていました。この規定は第二バチカン公会議後に緩和され、現行法は、両親、代親および主任司祭がキリスト教的センスになじまない名前が与えられることがないように配慮しなければならない〔八五五条〕とだけ定めています。洗礼の際の名前ではなく、実名についての規定です。

洗礼台帳は、各小教区に備えられ、主任司祭は正確に記載され入念に保存されるよう注意すること、堅信、婚姻、養子縁組、叙階、修道会における終生誓願、所属典礼の変更が記載されること〔五三五条〕と定め、教会における戸籍謄本の役割を果たすものです。

洗礼名の記載について、日本の教会の洗礼台帳には姓名、小教区、父母の名、生年月日、国籍・出生地、連絡先、受洗の日、場所、執行者、代親と並んで洗礼名を記入する欄があります。しかし法的には、洗礼台帳には受洗者の氏名、執行者、両親、代親および授与の場所、日付、生年月日、出生地を記載する〔八七七条一項〕だけでよいことになっており、（実名とは異なる）洗礼名を記載することは要求されていません。法律は、洗礼名は実名以外に考えておらず、別の名前が必要であるとは考えていないといえます。

洗礼名を選んで別につけることは法的には要求されるものではなく、各台帳に記載されている内容を変更できるのは、通常、教区本部事務局レベルで行われることなので、洗礼名が戸籍にある名前と異なるものである場合、変更の理由を述べて、教区本部に変更を願い出ることは可能だと考えられます。

一口メモ

幼児洗礼式の儀式書を見ても、洗礼名を与える前に子どもの名を呼んで十字架のしるしをしたり、洗礼を望むことを両親に確認したりしているので、洗礼名と本人の名前が別のものであることを前提としていることがうかがわれます。

Q 教会以外の場所でミサをするのには許可が必要ですか?

A ミサは聖なる場所で挙行されなければならないと決められていますが、どこがふさわしい場所であるかの判断は司式をする司祭に委ねられます。

ミサは主イエスの死と復活の記念です。聖体の中に主が現存され、十字架のいけにえが永続し、神の民の交わりと一致が実現する〔八九七条〕という恵みを大切にするために、ミサに関して多くの規定が教会法にあります。場所に関しては、ミサは聖なる場所において、また奉献・祝別された祭壇の上で挙行されなければならない〔九三二条〕と決められています。

聖なる場所とは、典礼書が規定する奉献または祝別によって、神に対する崇敬または信者の埋葬にあてられる場所〔一二〇五条〕のことで、ミサの場合ならば教会堂、礼拝堂、礼拝室、巡礼所などがそれに相当します。ただし条文には「特別な場合、他の場所が必要とされるときはこの限りではない」という付則があり、その場合には「ふさわしい場所」で挙行されることが必要です。ふさわしい場所とは、祭儀と礼拝のための落ち着きや清潔さのほかに、信者の行動的な参加を得るのに適していること（「ミサ典礼書の総則」二八八項）が求められます。

教会堂以外でミサをするために以前は司教（地区裁治権者）の許可が必要だった（旧

法典八二二条四項）のですが、今は病気、高齢、教会堂が遠いなどの理由のほか、子どものためのミサや特別の機会の場合などにおいて、司式をする各司祭の判断に委ねられています。

祭壇は、固定式と移動式の二つが認められています〔一二三五条〕。固定式は石造りで単一の自然石製であることが教会の伝統ですが、現在は、丈夫な材料であれば、司教協議会の判断で他のふさわしいものも用いることができます。移動式祭壇は、堅固な材質であれば石以外の材料でもつくることができます〔一二三六条〕。

祭壇以外でミサを行うときには、適当なテーブルを使用することができますが、必ず祭壇布（祭壇を覆う厚手の白い布）とコルポラーレ（聖体布、カリスや聖体皿の下に敷く白い麻布）を用いなければならない〔九三二条二項〕と決められています。

以上の規定はあくまでも例外を認めるものなので、こうした事態が常態化する場合には、司教や修道会長上の許可が必要です。また、カトリック以外の教会堂、礼拝堂でミサを行うには、正当な理由のほか、つまずきが避けられることと地区裁治権者の明らかな許可が必要です〔九三三条〕。

司祭と助祭は、ミサや聖体の授与に際して典礼注記の規定による祭服を着用しなければならず〔九二九条〕、これは教会堂以外で行うミサの場合でも同じです。服装に関して法典には条文は少なく、「ミサ典礼書の総則」に従うことになります。以前は、ミサの際にはアミクトゥス（肩をおおうために、祭服の一番下に着るもの）やチングルム（腰紐）は必ず使用しなければならなかったのですが、現在はアルバ（白い祭服）とストラ（細長い帯状のもの。アルバの上から首の周りにかけ、助祭は左肩からたすき状にかける）を着用すればよい場合も認められており〔同三三六項〕、祭服の下に修道服やスータンを着る必要もなくなりました。祭服の形と材質に関しては、それぞれの地域の必要と習慣に応じられるように、各司教協議会に裁

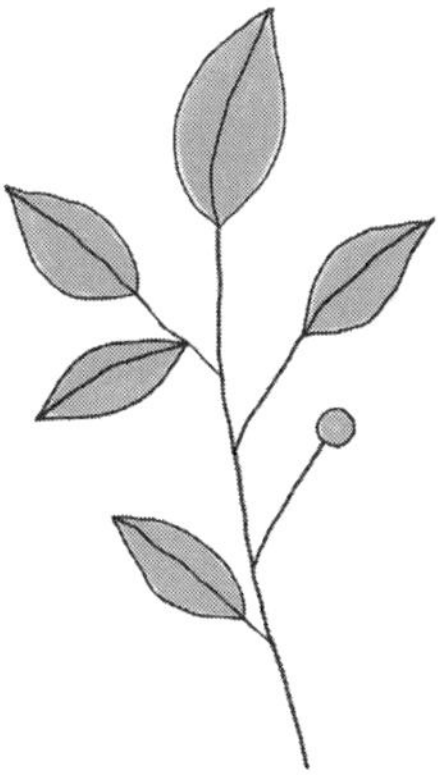

量が委ねられています〔同三四二、三四六項〕。

一口メモ

条文には「祭壇布」と訳されているのですが、原文では「布」なので、ミサにふさわしいものであれば、特別の布である必要はありません。ただしコルポラーレはいつでも必要です。教会学校のキャンプでのミサもふさわしい場所と準備をお忘れなく。

Q

ご聖体用のパン（ホスチア）は特別の材料で作られているのですか？

A

ミサで用いられるホスチアは小麦だけから作られ、腐敗の危険がまったくないように新鮮なものでなければならないと決められています。

ミサで用いられるパン（ホスチア）は小麦だけから作られ、腐敗の危険がまったくないように新鮮なものでなければならない〔九二四条二項〕と定められています。また、司祭はどんな場合でもミサには無酵母のパンを使用し〔九二六条〕、ぶどう酒はぶどうから作られた天然のもので、腐敗していないものでなければならない〔九二四条三項〕と決められています。ぶどう酒には少量の水を加えることも必要です。

こうした規則の背景にあるのは、ミサがキリストが最後の晩餐で行ったのと同じように祝われるための配慮で、小麦やぶどうが手に入りにくい地域では守るのが難しい決まりだと思いますが、これ以外に材料や形、大きさに関する規定はありません。ホスチアは材料が小麦百パーセントで、発酵させないで作ったものであればミサで用いることができます。ただ、色や味などにおいてパンから程遠いものになってしまうと、規則が求めている最後の晩餐の記念という意味合いから離れてしまいます。

ミサは、どんな場合でもパンとぶどう酒の両方を揃えてささげなければなりません〔九二四条一項〕。戦争や迫害といった極度の必要に迫られる場合であっても、パンだけで、あるいはぶどう酒だけでミサをすることや、両方の材料があってもミサ外で聖変化することはゆるされません〔九二七条〕。条文は、これらの材料が片方だけでも聖別されるかどうか（有効なミサであるかどうか）については語らず、「けっしてしてはいけない」という強い禁止の言葉を用いています。

教会の歴史上、パンとぶどう酒の物質的な側面を極端に大切にして、ミサに集う人々の交わりが軽視されたり、聖霊のわざである秘跡を人間が行うマジック（あるいは魔術）のようにとらえる誤用や乱用がありました。パンとぶどう酒がミサのどの瞬間に、どのようにキリストのからだと血になるかの研究と描写は神学の分野に属することですが、神学的に異なる意見がある事柄の実践について法は慎重に規定します。ミサに必ず両方の材料が必要であることについて、近年も聖座の文書は繰り返し注意を喚起しています。

拝領に関しては、旧法典が聖体はパンの拝領を原則としていたのに対し、現行法はパンあるいは典礼法規に従ってパンとぶどう酒（両形色と呼びます）で授けることを原則とし、必要な場合には、ぶどう酒だけの拝領をすることができます〔九二五条〕。小麦でアレルギー反応を起こす人や、固形物を飲み込むことができない場合などが想定されています。小麦アレルギーのある人のためにはアレルギーのもとになる物質（グルテン）を大部分取り除いた小麦のホスチアを作ることが認められており、アルコールを一滴も飲むことができない司祭のためには、教区司教や修道会の管区長をとおしてアルコール分のないものでミサをする許可を得ることができるようになっています。

一口メモ

ミサにある規則はすべてが最後の晩餐に遡るものではなく、少量の水を加えることは三世紀に、無酵母のパンを用いることは八世紀に遡る教会の伝統に従うものです。

Q ゆるしの秘跡で話された内容は絶対に秘密ですか？

A はい。裁判所で証言を求められた場合や告白者の許可を得たり要請があった場合でも話してはいけません。

ゆ

るしの秘跡で話されたことはけっして外にもらしてはなりません。ゆるしの秘跡の「秘密は不可侵」で、聴罪司祭には秘密を守る重大な義務があります。罪をゆるすことができるのは神だけで、人は神に対して自分の良心にかかわる告白をしているので、教会法は司祭がことばによるだけでなく、どんな方法でも、またいかなる理由に基づいてもゆるしの秘跡を受ける信者を裏切ってはならない〔九八三条一項〕と定めています。

秘密を守る義務は、たとえば通訳〔九九〇条〕をした人や、告白による罪の内容をなんらかの方法で知った（たとえばたまたま聞こえてしまった）すべての人に及びます〔九八三条二項〕。聴罪した司祭がこの規則に反すると、判事的破門制裁を受ける〔一三八八条一項〕と教会法で最も重い刑罰が定められています。また司祭は、秘密がもれる危険がない場合でも、この秘跡を受ける信者に不利益を与えるおそれがあるならば、告白で得た知識を絶対に用いてはならない〔九八四条〕とされています。

秘密を守る規則は教会の初めからあったのではありません。古代教会において告白は公の場で行われており、中世において個人告白が主流になるにつれて厳格化されました。秘跡上の秘密を守る厳しい規則は第四ラテラノ公会議（十二世紀）で定められ、厳密に適用するために、秘密に対する直接侵犯と間接侵犯の区別がなされるようになりました。告白者とその罪の内容の両方がわかるのが直接侵犯で破門制裁が科せられます。間接的な（つまり片方だけがわかる）秘密の漏洩も罰せられます。近年、ゆるしの秘跡を録音することを厳禁する新しい法規も教理省によって公布されています。

告白の秘密にあたるのは、ゆるしを得るために話された（重大な罪・小罪の区別なく）すべての罪で、たとえば教会法上の重婚者や痛悔が十分でないためにゆるしを与えることができなかった場合でも、秘跡を求める場で話されたことは秘密にあたるとされています。聴罪した司祭は、たとえば重大な犯罪に関して裁判所で証言を求められた場合も、告白者の許可を得たり要請があった場合でも、また長い時間がたったあとでも話してはいけません。他の要素、たとえば罪に至った状況、目的、共犯者についても、たとえ全員が知っている罪でも、死ぬまで黙らなければなりません。
教会法はプライバシーや名誉を守る権利〔二二〇条〕も大切にしますが、ゆるしの秘跡は救いに直接にかかわり〔九六〇条参照〕、信者が、同じように罪びとである司祭に、人に知られていない自分の罪を告白するもので、秘密の規則なしには負担が大き過ぎます。ゆるしの恵みが守られるためにこの規則が大切にされ、告白者の側に秘密を守る義務はないとはいえ、両者にとって慎重であればあるほどよい事柄といえます。

一口メモ

聴罪司祭と告白者の間で以前の告白への言及がなされるのは侵犯にはあたりません。司祭は何も知らないように振る舞うことが求められるのであって、忘れなければならないのではありません。イタリアやアメリカのように、ゆるしの秘跡の秘密が職業上の秘密として国家法上も尊重される国もあります。

Q 共同回心式は集団でゆるしを受けるものですか？

A 共同回心式の場でも、司祭に対して個別に告白をしなければ複数の痛悔者に対して同時にゆるしを与えることはできません。

罪の告白は個人的な出来事であるという印象があり、ゆるしの秘跡を受けることとは他の人には知らせない、知られたくないという心理的な側面があります。しかし、教会は神から委ねられた和解の奉仕者であり仲介者であると同時に、ゆるしを求める罪びとの集まりなので、罪のゆるしを共同体の出来事としてとらえることも大切です。共同回心式はゆるしの秘跡がもつ教会的性格をよく表しており、典礼の面で工夫することは大いに勧められています。

ゆるしの秘跡の儀式書を見ると、回心式では聖書朗読と説教があった後、回心の部に入ります。ミサでも用いられる一般告白に続いて、連願、主の祈り、それから個別的な告白と個別赦免があり、最後に結びの祈りがくるように順番を定め、ことばの典礼において良心糾明が助けられるように配慮されています。しかし、共同回心式の場でも、まず司祭に対して個別に告白をしなければ、複数の痛悔者に対して同時にゆるしを与えることはできません〔九六一条一項〕。回心式は、共同でゆるしを受けるというより共同で回心を準備し、祝うというほうが正確です。

秘跡の場において一度に複数の人にゆるしを宣言する一般赦免について、乱用が心配され、警告も出されています（ヨハネ・パウロ二世自発教令「神の慈しみ」）。ある地域で個別の告白を放棄して必要以上に一般赦免に頼る傾向が見られたからとされています。日本の教会にその例が見られるかどうかは知りませんが、秘跡においては個別赦免か一般赦免かという選択肢があるのではなく、例外として一般赦免が認められていると理解する必要があります。

例外が認められるのは、災害、戦争、迫害など死の危険が迫っていて秘跡を求める人の告白を個別に聴く時間がない場合です。また、告白者に対して聴罪司祭が不足し、秘跡が受けられないために信者が自分の落ち度なしにゆるしや聖体拝領から長期（一カ月とされています）にわたって遠ざかることを余儀なくされる場合に認められます。ただし、祝祭日や巡礼の機会に生じるような、単に著しい数の信者が集まるという理由で司祭が不足する場合は、この必要性として十分なものとはみなされないと条文は語っています（同一、二号）。

一般赦免が可能かどうかの判断は、その場にいる司牧者の自由な裁量にではなく、司教協議会が定めた規準に照らして教区司教にだけ委ねられています。しかし、日本をはじめどの国の司教協議会も規定を定めていないことは実践がたやすくないことを示しています。共同回心式の場で、時間がないから大罪のある人だけ告白に来なさいと招くわけにもいきません。司祭がごくまれにしか来ないような地域は世界のあちらこちらに見られます。重大な罪もゆるされるという事実が、集団の中で匿名的になってしまうことを避け、罪がゆるされて教会と和解ができたことを司祭とともに確認することの大切さを理解すると同時に、実践は、つねに秘跡を受ける人に有利になるように計らわれなければならないでしょう。

一口メモ

神の定めによって、死に至る重大な罪はすべて個別に告白する必要があると定めたのはトリエント公会議（十六世紀）でした。

Q 典礼を手伝う奉仕職は聖職者になるための準備ですか？

A 秘跡における奉仕は、通常、聖職者の務めですが、信徒には共通祭司職に基づく職務と考えられる奉仕職の可能性がたくさん開かれています。

ミサを始めとする秘跡や典礼において奉仕をすることは、通常、聖職者の務めですが、現在では信徒にもたくさんの可能性が開かれています。代表的なものは朗読奉仕者や祭壇奉仕者と呼ばれるもので、司教協議会が定めた年齢に達し、適性を有する信徒が任命される〔二三〇条一項〕と決められています。

祭壇奉仕者はミサ中、司式する司祭のそばで祭壇の準備をする役割があります（ミサ典礼書「総則」九八）が、聖体を授与する臨時の奉仕者〔九一〇条二項〕を務めることができます。以前は朗読・祭壇奉仕者に任期の期限なしに任命され得るのは男性信徒だけでしたが、教皇フランシスコが教会法の条文を改正し、性による差別をなくす決定をしています。

聖体授与も含めて奉仕職に関して法典はさまざまな可能性を認めています。信徒は典礼において朗読者の役割を果たし、解説者や聖歌隊などの任務を果たせる〔二三〇条二項〕ほか、必要と認められる場合、朗読奉仕者や祭壇奉仕者ではなくても、その職務を果たすことができる〔三項〕と規定されています。具体的には、聖書を朗読し、典礼の祈りを司式し、洗礼を授けることなどですが、司教協議会が定める手続きを経て聖体を授与することも可能です。

第二バチカン公会議後に新設された、聖職者とは区別される（つまり信徒に委ねられる）教会の奉仕職には、聖なる学問の教授職〔二二九条三項〕やカテキスタ〔七八〇条〕などがありますが、典礼における奉仕者も公式に創設されました。上記の朗読奉仕者（一時期、宣教奉仕者とも呼ばれました）は、神のことばを告げることをとおして教会の宣教に協力する信仰の奉仕役で、典礼集会で聖書を朗読し、大人や子どもに教理を教え、秘跡にあずかる準備を手伝う仕事が委ねられます。

祭壇奉仕者（教会奉仕者）は直接、司祭や助祭の役務に協力する人で、病人を含めて信者に聖体を授ける務めを託されることがあります。職務に選任できるのは司教か聖職者修道会の管区長で、助祭職の志願者は、叙階される前に適当な期間、この奉仕職を実践する〔一〇三五条〕ことが求められています。

これらの奉仕職は古代から実践されてきたものです。『使徒伝承』（三世紀）には、司教、司祭、助祭のほかに、副助祭、読師、歌い手、禁欲者などの職務が見られ、五世紀の文献にはさらに侍祭、祓魔師、守門などの任務が記載されています。トリエント公会議（十六世紀）以降も侍祭と読師（現在の祭壇・朗読奉仕者）が残り、第二バチカン公会議の討論によって、これらは下級の聖職位階ではなく、すべての信徒が共有する共通祭司職に基づく職務と考えられるようになりました。

一口メモ

旧法典下では副助祭からを聖なる職階（聖職）と呼び、剃髪の義務がありました。侍祭、祓魔、読師、守門の奉仕職は下級品級と呼ばれました。

Q 終身助祭とはどのような制度ですか？

A 第二バチカン公会議で復興された、信者の共同体への奉仕のために叙階される助祭職で、専任型と兼任型があり、既婚男性にも門戸が開かれています。

助祭は、叙階の秘跡による職階の一つ〔一〇〇九条一項〕で、信者の共同体への奉仕のために叙階されて、教区司教や司祭団との交わりの中で神の民に奉仕する男性（「司教司牧教令」一五項）です。主な仕事は、ミサ中に聖書を朗読し、説教をするなどみことばに奉仕すること、洗礼式を執行する、聖体を保管し授ける、教会の名において婚姻に立ち会い祝福する、死の近くにある人に聖体を運ぶなど秘跡にかかわることです。ミサ、ゆるしの秘跡、病者の塗油の秘跡はできませんが、人々に教えや勧めを与える、典礼や祈りを司会する、葬儀と埋葬を司式するなどの役割も引き受けます。

生涯、助祭の任務を果たす生き方は、第二バチカン公会議が「今後、助祭職を聖職位階の固有の永続的な段階として再興することができる」（「教会憲章」二九項）として復興した制度です。教会には十世紀ごろまで終身助祭が存在していました。各地で司祭の不足が起こり、公会議のころ、宣教者として神のことばを伝え、司祭や司教の代理として遠隔地のキリスト教共同体を指導し、社会活動や慈善事業をとおして愛のわざに励んで、実質的に助祭としての職務に従事している（「宣教教令」一六項）男性信徒が存在し、助祭叙階の恵みをとおして、いっそう効果的に任務を果たし得るようになることは有益であると考えられたのでした。

助祭は、司祭と同様に叙階される前に公に独身の義務を引き受ける〔一〇三七条〕必要がありますが、生涯を助祭で過ごす場合、配偶者の同意があるなら、結婚生活をしている人にも叙階される可能性が開かれています〔一〇三一条二項〕。信者の共同体の世話をするために、終身助祭制度を認めるかどうかは各国の司教協議会が決定して教皇の認可を仰ぐことになっています。

終身助祭は結婚していない志願者なら二十五歳、妻帯している志願者は三十五歳以上であることが必要で、司教協議会はより高い年齢を定めることもできます。叙階のために霊的、神学的、司牧的養成を受け〔二三六条〕、養成期間を終了した後に叙階される〔一〇三二条三項〕、宣教・教会奉仕者の奉仕職を叙階前に実践する〔一〇三五条〕などの規定があります。

ほかにも教会の祈りを唱える〔二七六条二項三号〕などの務めがありますが、司祭に対するような、聖職者の服を着用する〔二八四条〕義務や、公職や財産管理〔二八五条二〜四項〕、取り引きや商売〔二八六条〕、政党や組合の指導〔二八七条二項〕の禁止規定の適用を受けません。

終身助祭には、教会の奉仕職に全面的に献身する専任型と、職業をほかに有し週末に奉仕が集中する兼任型が考えられています。教会で終日献身する妻帯助祭は報酬を受ける権利がある〔二八一条三項〕のですが、職業を有する妻帯助祭の場合、生計維持にはまずその収入をあてると決められています。

一口メモ

終身助祭は信者の共同体の世話をするために教区で活動をするのが主な役割なので、修道会のためにのみ奉仕する修道終身助祭制度は今のところ考えられていません。日本では終身助祭制度検討特別委員会の「日本のカトリック教会における終身助祭制度および養成要綱」が作成されています。

Q 教会法は、結婚の目的は子どもを産むことだと教えていますか?

A 教会法は、結婚は夫婦の善益と子の出産、子の教育の三つの目的を挙げています。

教会法は、結婚は夫婦の善益と子の出産および教育に向けられている〔一〇五五条一項〕と目的を挙げています。子ども、夫婦、秘跡の「三つの善」は聖アウグスチヌスの教えに遡るもので、夫婦の善益とは夫と妻が喜びと感謝のうちに互いを支え豊かにすること、子の出産とは創造主である神のいのちを与えるわざに参与する（創世1・28参照）ことで、子どもの教育は個人と社会を支える基礎を築くことに結びついています。

教会は結婚を、固有の法則を創造主から与えられた個人的・社会的な召し出しである（「現代世界憲章」四八項）と考えています。法典は婚姻に関する章の最初の条文で、この召命が一人の男性と一人の女性が相互に行う約束に基づくと表現していま す。教会は男性同士や女性同士、また男女一対一以外の（一夫多妻、一妻多夫の）結婚を認めていません。これは結婚の単一性と呼ばれ〔一〇五六条〕、カトリック教会が最初の時代から大切にしている神の教えです。

結婚の約束は、当事者が互いに対して同時に行う必要があるので、片方の意思だけで結ぶことができません。相手を監禁したり誘拐した場合、その状態が続く間、婚姻は無効である〔一〇八九条〕とされ、親の意思、家族の望みなどにどのような伝統がある社会であっても、自分自身を互いに与え合うという、取り消すことができない誓約〔一〇五七条二項〕に他の人はとって代わることができません。条文は婚姻の誓約が全生涯にわたる生活共同体を築くために行われる〔一〇五五条一項〕と表現し、結婚の約束は順境にあっても逆境にあっても相手が死ぬまで続くこと（不解消性と呼んでいます）を考えなかったり、愛の共同体として生活を分かち合うものでない単なる同居や別居を前提とした夫婦生活を、教会は真の婚姻と考えていません。

旧法典は、結婚の目的は第一に子女の出産と育成、第二に夫婦の相互扶助と情欲の治癒〔一〇一三条〕であると語り、目的に順位をつけて二つだけ挙げていたのに対し、現行法は目的を三つ挙げ、それらを並列していることに特徴があります。これらはカトリック信者以外の婚姻にも当てはまる目的と特性であると教会は考え、同時に、旧法も現行法も、受洗者間の（つまりカトリック以外の教会の信者の場合も）

婚姻の誓約は、主キリストによって秘跡の尊厳にまで高められ、秘跡の恵みによって単一性と不解消性という特性が強められると宣言しています。

教皇ヨハネ・パウロ二世は、結婚が修道生活などの「神の国のための独身」とともに愛への召し出しであり、愛である神の似姿である男女が、深い人格的な愛に結ばれて「神の愛の目に見えるしるし」となる（使徒的勧告「家庭」一四項）と語っています。それゆえ、夫婦がキリストに倣ってすべてを与え合い、ゆるしを実践することの大切さに言及しています。

一口メモ

旧法典は夫婦行為について消極的なとらえ方をしていましたが、現行法は「現代世界憲章」が夫婦の行為が正しい品位ある相互の与え合い（四九項）であると教えたことに基づいています。婚姻は繁殖のためだけにあるのでなく、子どもという賜物がなくても結婚生活の尊さは変わらないという考えは現行法のほうがよく表しています。

Q 神父さんは教会法で結婚が認められていないのですか?

A 司祭の志願者は公に独身の約束をしなければ叙階の秘跡を受けることができず、司祭に叙階されると婚姻の無効障害が生じます。

人が愛する相手と家庭を築くことは平等に認められている権利です。同時に、なんらかの理由で結婚が禁じられる場合があるのは、教会に限らず国の制度においても他の宗教でも見られることです。カトリック教会において結婚が認められない（婚姻契約を結ぶ能力を失わせる）要素を無効障害と呼び〔一〇七三条〕、法典には十二の事柄が挙げられています。

無効障害には通常、公に知られ得るもの（たとえば重婚、親子関係）、本人以外は通常わかり得ないもの（たとえばインポテンツ）の区別や、神が定めた決まり（神法、自然法）であるために認められない事柄（たとえば上述の三つ）と、教会が定めた決まりであるために認められない要素（たとえば聖職位階、修道誓願）の区別がありますが、どのような事柄が神の啓示によって結婚を無効にし、禁止するのかを判断して宣言できるのは教皇だけ〔一〇七五条一項〕です。

無効障害が神の定めによるものならば信仰のあるなしにかかわらず結婚は認められませんが、教会の決定によるものの場合、障害を免除してもらえば有効に結婚をすることができます。結婚を望む相手を誘拐、監禁している場合〔一〇八九条〕や、他者と結婚するために自分の配偶者を死に至らしめた場合〔一〇九〇条〕には結婚できないというドラマでも見ているようなケースも想定されているのですが、教会の決定による無効障害の例は、年齢のほか、召し出しにかかわる事柄です。

年齢に関しては、男性は満十六歳、女性は満十四歳に達しなければ結婚できない〔一〇八三条一項〕と決められています。知性、身体、情緒の面で成熟した人でなければ生涯にわたる生活共同体を築いていくことができないので、年齢の規定はどの国にも見られます。各国の司教協議会はさらに高い年齢を定めることができ〔同二項〕、日本の司教団は民法の規定に沿って男十八歳、女十六歳と決めているのですが、これは結婚の有効性ではなく、合法的に式を挙げる必要条件とされるもので、教会の法律上は十六歳と十四歳を超えていれば結婚そのものは有効です。

教会に特徴的なものは聖職者〔一〇八七条〕と修道者〔一〇八八条〕の結婚が無効であるという規定です。貞潔あるいは神の国のための独身（マタイ19・12参照）は聖書でも推奨された信仰者の生き方ですが、聖職者が結婚できないという規定は教会の最初からあったものではありません。現在でも東方カトリック教会で結婚した人が司祭に、ラテン・カトリック教会では終身助祭になることが認められています。しかし、司祭の志願者は分裂のない心でキリストを愛し、神と隣人に仕えることができるように（「司祭生活教令」一六項）、公に独身の約束をしなければ叙階の秘跡を受けることができません〔一〇三七条〕。

修道者のほうは終生誓願を立てた会員が対象で、有期誓願者の場合や在俗会の会員が貞潔の誓約をしている場合も、禁じられてはいるのですが、式を挙げると結婚は有効で、相手との間に永続する絆が生じます。

一口メモ

教会では旧法典施行（一九一七年）前まではローマ法の伝統を受け継いで男十四歳、女十二歳が法定の結婚年齢でした。

Q 婚姻の合意とは具体的に何を約束するのですか？

A 生涯にわたって運命をともにする家庭を築き、夫婦がともに幸せになること、子どもが生まれたら育てることを約束します。

結婚の誓約をとおして、人は神が結び合わせてくださったものとして一体となり（マタイ19・6参照）、新たな生活形態（教会法では伝統的表現の「夫婦の身分」）に入って夫妻に固有の聖性と義務を有する者になります。教会は結婚において、二人が互いに自分をあますところなく与え、相手を受け取る（ともに神の与えてくださったものです）愛の力を用いるものとして合意を交わすことが中心であると考えています。

夫婦になろうとする人が（たとえ一方だけでも）結婚の目的や本質的な要素をはっきりと排除しているならば結婚は成立していません〔一一〇一条一項〕。心身の面できわめて未熟である、理性・知性の面で能力がないなどの場合も婚姻は無効になります〔一〇九五条〕が、合意について、当事者の意思は結婚式の際に用いられる言葉やしるしで表現されると推定され〔一一〇一条一項〕、式に立ち会う聖職者や証人が確認することができ、また確認しなければなりません。暴力による結婚でないこと、相手を騙そうと考えていないこと、配偶者に何も条件をつけていないことは事前に確認する必要があります。

合意が成り立つためには、二人が結婚とは何であるかについて知っている上で自由にそれを望んでいることが必要です。具体的には、結婚が一人の男性と一人の女性が生涯にわたって運命をともにする生活共同体を築くことであると知っていること、そして結婚の目的である夫婦がともに幸せになること、子どもを出産し、教育すること〔一〇五五条一項〕を望んでいることです。子どもを産まないと決めている夫婦、最初からセックスレスの夫婦、子どもを育てる能力がないほど未熟なカップル、共同体としての家庭を築くことを望んでいない二人の間では結婚が成立していません。

すべての人は結婚する自然法上の権利があり、十六歳（男性）と十四歳（女性）という若いカップルでも合意を有効に交わすことができる〔一〇八三条〕ので、夫婦が互いに自分を与え合うという決意を生涯にわたって生きていくためには、周囲からも多くの協力と支えが必要です。夫婦の身分が、キリスト者の精神のもとに維持

され完成されるように、司牧者は特別に配慮する務めがあります〔一〇六三条〕。ヨハネ・パウロ二世は「家庭だけでなく、社会や教会も若者が自分たちの未来に対する責任を自覚するように力を尽くす」(使徒的勧告「家庭」六六項)ために結婚の準備の大切さを強調しています。

新郎新婦は、出産のために一定の性的協力があり、教育のために永続的に結び合わせられることについて無知でないことが求められますが、これらは成熟期に達した人は知っていると推定されます〔一〇九六条〕。しかし、二人がその真の意味を理解するには、教会全体、特に長い間結婚の秘跡を生きている信徒の協力が、現代、不可欠でしょう。

一口メモ

成熟期とはローマ法では男子十四歳、女子十二歳で、おそらく身体的な成熟を意味し、旧法典では生殖適齢〔一〇八二条〕と訳されていました。現在では心理的、情緒的、また社会生活上の観点から成熟が考慮されて、より高い年齢が婚姻に必要とされていますが、古代から成熟に達していることが結婚の最低条件であったことがうかがわれます。

Q 片方だけが信者でも、教会で式を挙げなければいけませんか？

A 婚姻には新郎新婦が合意の表明を受け取る聖職者と二人の証人を面前にし、式が教会で挙げられることが必要ですが、教会での挙式は免除することができます。

結婚は男女が生涯にわたって生活共同体を築くという誓約に基づく〔一〇五五条一項〕ものですが、二人の間の関係にとどまるものではなく、社会の基礎である家庭を築くことであり、信仰の実践にかかわる出来事であると教会はとらえています。ですから（日本の法制度でも同様ですが）二人の間に愛があるだけでなく、公に手続きを踏むことが求められます。

カトリック教会が結婚が成立するために必要としている条件は、

①二人の間に結婚の障害がないこと
②合意があること
③合意が公に表明されること

の三つで、三つ目を方式の順守と呼んでいます。

トリエント公会議（十六世紀）が結婚の有効条件であると決定した事柄で、新郎新婦のほかに、合意の表明を求め教会の名前で受け取る聖職者と二人の証人が臨席して式が挙げられることが必要です。

これは片方がカトリックの場合でも必要なこと〔一一一七条〕ですが、方式に関しては①、②の条件ほど厳格ではなく、重大な理由がある場合、信者の地区裁治権者（各教区の司教、総代理、司教代理）が式を挙げる場所の地区裁治権者に相談したうえで、なんらかの公的な形が守られるならば、教会での式を免除することができるとされています。何を公的とするかの判断は、各国の司教協議会に委ねられています〔一一二七条二項〕。

日本の司教協議会は（「新教会法典」付則 xiv 頁参照）、家庭、会館、ホテルなどで行われる通常の結婚式、カトリック以外の教会で行われるキリスト教の結婚式を公的な方式と認めています。この場合、カトリックの信仰に反することが行われないよう配慮されなければなりません。

さらに、重大な理由がある場合は、神社などキリスト教以外の宗教で行われる式も認められますが、式が信者にとっては習俗的な意味だけをもち、つまずきの心配がないことが明らかな場合に限られます。重大な理由とは、カトリックでない配偶者や家族の反対、特に宗教上のことについて対立があると家庭の平和が維持できない場合などが挙げられます。

さらに、何の儀式もない場合、民法上の婚姻届を出すだけでも公的であると認められると日本の司教団はかなり寛大な例外まで認めていますが、必ず求められるのは上記の裁治権者と前もって相談して許可を得ることです。司教には、安易に免除を与えたり、どんな式でも教会は同じだと考えていると受け取られるような態度を避けることが求められています。与えられた免除は婚姻台帳に記入し、挙式の日付と場所、証人の名前を記すことになっています。

他宗教での儀式まで可能性が認められているのですが、教会法はカトリックと他の宗教の式を別々に（二回）行うことや、司祭と他

の宗教の奉仕者が同時に立ち会って、それぞれの儀式に従って新郎や新婦の合意を確認する二重挙式は認めていません〔一一二七条三項〕。どの時点で結婚が有効に成立したかについて疑いが残る事態を避けたいと思っているからです。

一口メモ

一九七〇年まで方式の免除の許可は聖座に限られていました。今は免除がかなり得やすくなっていますが、両方がカトリック信者の場合、方式の免除には今でも聖座の許可が必要です。

Q 教会法上、離婚が認められることがありますか？

A ありません。しかし、絆が解消されないままで離別するケースがあり、これは教会法上、別居と呼ばれます。

教会は、法が定める（重婚などの）障害がない男女が、生涯にわたる生活共同体を築く約束を公の場で交わすとき、二人の間には解くことができない絆が生じると信じ、教えています。裏側から表現すると「カトリック教会は離婚を認めない」となるのですが、教会法の条文では、完成の認証婚は、死亡の場合を除いて、いかなる人間の権力によっても、いかなる理由によっても解消され得ない〔一一四一条〕と、いかめしくなります。

教会裁判所における裁判は非公開ですので、外部から事情がわかりにくいのですが、婚姻無効訴訟は、信者からも信者でない配偶者からも起こすことができ、結婚を無効にする障害が存在したか、合意が本当にあったか、法律が求める方式が守られたかなどの調査をします。民法上の手続きとはまったく別のもので、夫婦のどちらかに別れることが認められるような理由があるかどうかではなく、解くことができない絆が存在しているかどうかを判断します。

この手続きは、通常、小教区から始まります。主任司祭をとおして教会裁判所に連絡をし、書類や証言などによって調査が行われ、婚姻の無効が宣言されると、式が挙げられる前の状態に戻り、教会で結婚することができるようにもなります。しかし、実際には絆が解消されないままで離別するケースがあり、これは教会法上、別居と呼ばれます。夫婦は法律上の免除事由がない限り、共同生活を維持する義務と権利を有する〔一一五一条〕ことが原則です。

教会法で別居が認められる理由は、大別すると不倫と家庭内暴力の二つです。夫婦の片方が姦通の罪を犯した場合、もう一人の配偶者には共同生活を解消する権利が認められています。この場合、まずキリスト教に基づく愛と家庭への配慮から、配偶者の姦通の罪をゆるし、夫婦生活を絶たないように熱心に勧められなければならないのですが、けっしてゆるすことができないと感じる場合、この規定が適用されます。当人が姦通に同意したり、その原因を与えている場合、または自分も姦通の罪を犯した場合には別居の権利はなくなります〔一一五二条〕。

暴力については、夫か妻が相手や子どもに対して、精神的身体的に重大な危険を生じさせた場合、または他の仕方で家庭の生活を著しく耐え難いものにした場合、別居権が認められています。これは危険が迫っているときにはすぐに、そうでないときには司教など地区裁治権者の決定によって可能になります。しかし、別居の原因がなくなったときは、夫婦の共同生活が回復されなければならず〔一一五三条〕、また別居する場合には、子どもの扶養と教育について適切な配慮がなされなければなりません〔一一五四条〕。別居に至った場合、六カ月以内にその理由を主任司祭などに報告することも求められています。

一口メモ

条文には、司教や主任司祭が事柄を調査し、姦通を犯していないほうの配偶者が罪をゆるし、夫婦の離別が決定的にならないように説得する可能性を熟考する〔一一五二条三項〕、また、相手が夫婦生活に復帰することをゆるすことができるならば、それは賞賛すべきことである〔一一五五条〕という司牧的な文章も見られます。

準秘跡

Q 祝別されていないロザリオやメダイを使ってもいいですか？

A 信心上の製品の祝別は、それを使用することが神を愛し、神に仕えることを表すためなので、その目的が忘れられなければ問題はありません。

先日、ある信者さんから「ロザリオやメダイなど、以前は必ず神父さまに祝別してもらってから使っていたけれども、今は教会も遠く、日曜日も神父さまが忙しくされているのでお願いしにくくなった」と言われ、「祝別にはどんな意味があるのでしょうか」と尋ねられました。

教会法では「秘跡」の項に続いて「準秘跡」が扱われており、その中に祝福という項目があります。準秘跡は、教会が公に承認した儀式と定句を正確に順守して行われなければならない〔一一六七条二項〕とされ、執行者は必要な権限を付与された聖職者、および典礼書の規定に従い、地区裁治権者の判断に基づいて信徒の適格者〔一一六八条〕と決められています。

現行法は奉献（教会堂、固定式祭壇など）、祝別（礼拝堂、教会墓地など）を行うことができるのは司教と一定の権限を受けた司祭〔一一六九条一項〕であるとしていますが、法律上、聖なる表敬のために祝別し、世俗的な用途のためには使用しない〔一一七一条〕と定められているものは、公の典礼に用いる建物・設備などごく少数です。

人（カトリック信者、洗礼志願者）を祝福できるのは司祭、一定の場合には助祭もできる〔一一六九条二、三項〕とされ、それ以外のものの祝別は使徒座が承認した『祝福儀式書』に従うと決められています。

ロザリオやメダイの祝別は『祝福儀式書』第四部「信心用品の祝福」（三七、三八章）にあり、司祭か助祭が祝別することになっています。祝福一般に関しては、神がご自分で、または人間をとおして祝福するときには、つねに主の助けが約束され、その恵みが宣言され、結ばれた契約に対する忠実さが述べ伝えられる（同「総則」六項）とし、教会は、人間だけでなく神に対する尊敬や信心にかかわる場所や物も祝福すると述べています。祝別をするのは、人間が神によって造られた物を使用することが、神を求め、愛し、忠実に仕えようとするのを表すためで、どの場合でも物自体でなく、その物を使い、その場所で働く人間を大切にする（同一二項）ことに中心があります。

祝福は、信徒も洗礼と堅信をとおしてキリストの祭司職にあずかる者となるので行うことができます（同一八項）。たとえば、両親が自分の子どもを祝福し、食事を祝福することがその例です。秘跡や準秘跡に際しては、信仰の表明が確実になされなければならないのですが、迷信や乱用の危険がない場合には、聖職者はほとんどのものを祝別することができます。背景には「物質的なものが正しく使用されれば、人間を聖化し、神を賛美する目的に向けることができないものはほとんどない」（「典礼憲章」六一項）という公会議の教えがあります。

一口メモ

『祝福儀式書』には人の祝福（家族、病者、宣教者、巡礼者など）のほか、神学校、修道院、学校、病院、事務所・商店、家などの建物、仕事の道具（自動車、船、機械など）、典礼用具（洗礼盤、祭壇、聖櫃、十字架、カリス、聖人像、オルガン、祭服、聖水など）、信心用品（メダイ、十字架、ご絵、ロザリオなど）の祝別が含まれています。

Q 教会には信者の葬儀について正式な決まりがあるのですか？

A はい。教会法には、キリスト信者の帰天に際して教会の葬儀が行われなければならないこと、「葬儀」儀式書に従うことが定められています。

教会は、亡くなった信者のために葬儀を行います。遺体にていねいに接するという意味合いを込めるのは当然ですが、その人のために必要な助けを祈り、残った家族に支えと復活の希望を伝えたいと願うからです。教会法は、キリスト信者の帰天に際して教会の葬儀が行われなければならない〔一一七六条一項〕と、信者の基本的な権利と教会の務めを表現し、「葬儀」儀式書などの典礼書に従うことを定めています。

旧法典では、埋葬に関する規定を中心に四十の条文がありました。現行法典では、葬儀に関して全部で十条とかなり数が減りましたが、場所に関する規定を中心に、献金や教会での葬儀が禁止される場合について原則を示しています。いずれの場合も、国の法規や教区裁治権者の判断と裁量を広く認める規定となり、異端宣告を受けた場合など、ごく例外的に葬儀が禁止されることがありうる〔一一八四条〕としている点が、旧法典との違いといえます。

亡くなった信者の葬儀は、所属していた小教区の教会で行われるように計らうことが原則です〔一一七七条一項〕。しかし、葬儀を手配する人が別の教会を選ぶ可能性も大きく認めており、その際には所属している小教区の台帳への死亡の事実の記入のために、所属小教区の主任司祭に前もって通知をする必要があります。現代では、自分の小教区外で亡くなることもまれではないため、死亡地の小教区に葬儀を依頼してもよいことになっており〔三項〕、そのほかに司教（司教座聖堂）、修道者（会の修道院や教会）の場合の葬儀の場所について規定があります。

現行法典の新しい要素として、洗礼志願者に葬儀に関して洗礼を受けた人と同様の権利があること、受洗前の幼児やカトリック以外の受洗者の場合にも、教区の裁治権者の判断に基づいて教会での葬儀を許可する余地が大きく認められていること〔一一八三条〕があります。埋葬に関しても、所属小教区に墓地があるならばそこに埋葬されることが原則ですが、葬儀と同様にそれ以外の可能性も認められています。埋葬のために小教区墓地以外の場所を選ぶことは生前の本人の意思によっても、遺族の願いによっても可能です。

葬儀の際の謝礼について、教会管区の定めた一定額〔一二六四条〕の規定を守るようにと定めています。額が決められていなければ、その地の習慣に従うことになります。しかし、どんな場合でも、葬儀の執行に私情がもち込まれたり、差別が起こったりしないように、また、貧しい人がしかるべき葬儀を拒まれることがないようにと注意を促しています〔一一八一条〕。

一口メモ

教会は亡くなった方の遺体をそのまま埋葬する習慣を敬虔なものと考え、奨励していますが、キリスト教の信仰に反対するという理由で火葬を選ぶのでなければ、現在では火葬が問題なく認められています〔一一七六条三項〕。旧法典がこの点で厳しい規定を置いて例外のみを認めていたのに対して、各地の事情を顧みた穏やかな規定に変更を受けています。

Q 教会法にもマリアさまが登場しますか？

A 聖母マリアの名は聖職者の務めや祝日の規定などで五回、法典に登場します。

五月を聖母月として聖マリアに特別の祈りをささげる習慣は教会の歴史の中では比較的新しく、十八世紀にイタリアで盛んになった信心が十九世紀初めに教皇ピオ七世により公に認められ、聖母の「無原罪の御宿り《おんやど》」の教理宣言（一八五四年）以降ヨーロッパ全体に広がりました。典礼の季節に関しては典礼規則に属する事柄（二条）であるため、教会法典には聖母月の規定はありません。しかし、聖母の名前は教会法典に見ることができます。

硬い用語の条文が並ぶ教会法に聖マリアの名前があることは不思議な気がするかもしれません。教会に関する法律ですから「キリスト」という言葉が使われたり（四十八回、主キリストは八回）、教皇が「聖ペトロ」の後継者であることから関連する条文にその名が登場する（三回）のではないかと想像がつくかもしれませんが、「聖母マリア」は聖職者の務めや祝日の規定などで五回、法典に登場します。

まず、神学生の養成を扱う条文で、神学生が祈りの精神を身につけ、自分の召命を強めるために、ロザリオを含む聖なる処女《おとめ》マリアへの崇敬が奨励されなければならない〔二四六条三項〕という規定があります。同じ事柄を扱っていた旧法典〔一三六七条一号〕には聖母への言及はありませんでした。次に、聖職者の務めとして、規則正しく祈りをすることとやゆるしの秘跡をしばしば受けることに続いて、神の母処女マリアを特別に崇敬しなければならない〔二七六条二項五号〕ことが定められています。旧法典（一二五条）のこの規定には聖職者はロザリオを唱える務めがあるとされていたのですが、今、ロザリオへの言及はありません。

三つ目は修道者に関する条文で、聖母はすべての奉献生活の模範かつ保護者であると表現され、神の母処女マリアへの特別の崇敬をロザリオの祈りによってもささげなければならない〔六六三条四項〕とされています。旧法典〔五九五条〕の修道者の義務には聖母に関する事柄が入っていませんでした。四つ目は聖人の崇敬に関する条文で、これは全信者を対象にするものです。教会は神の民の聖化を促進するために、「キリストが全人類の母と定めた神の母、幸いな終生処女マリア」に特別の敬愛に満ちた尊敬を払うよう勧める〔一一八六条〕と定めています。旧法典では「超尊崇の表敬」〔一二五五条〕や「子としての信心」〔一二七六条〕という表現が用いられていました。

最後に、全教会を対象にした十一の「守るべき祝日」に復活祭、クリスマス、主の公現、主の昇天、キリストの聖体の五つの祝日に続いて、神の母聖マリア、無原罪の聖マリア、聖母の被昇天が挙げられています〔一二四六条一項〕あとの三つは聖ヨセフ、聖ペトロと聖パウロ、諸聖人の祭日です)。旧法典〔一二四七条〕と変わっていませんが、神の母聖マリアの祝日は「ご割礼」の祝日と呼ばれていました。

一口メモ

教会法典にもう一人だけ名前が登場する聖人は聖トマス・アクィナスで、神学生の養成のため、教義神学は聖トマスを師として救いの神秘をより深く理解しなければならない〔二五二条三項〕と表現されています。

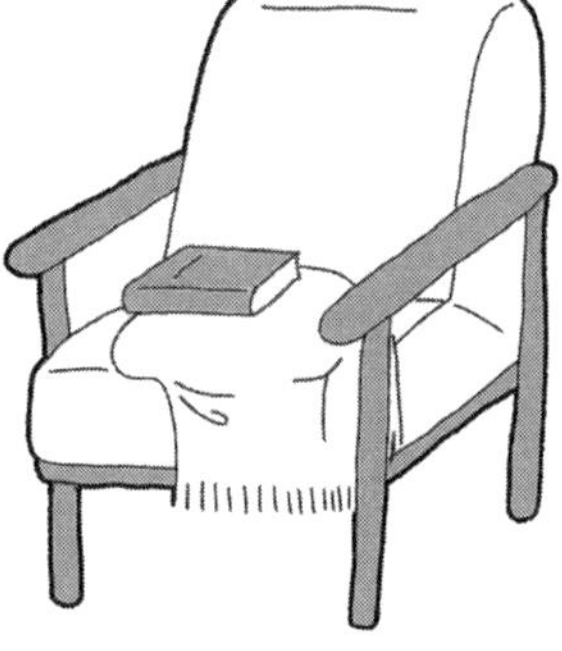

❖著者略歴

菅原裕二（すがわら・ゆうじ）

1957年　宮城県生まれ。
1980年　上智大学法学部卒業。イエズス会入会。
1987年　イタリア、ローマ留学（～96年）。
1991年　司祭叙階。
1996年　上智大学神学部講師。
1998年　教皇庁立グレゴリアン大学（ローマ）教会法学部講師。
2008年　同教授。
2013年　同学部長（～2019年）。現在、同学部博士課程委員長。

続《ぞく》・教《きょう》会《かい》法《ほう》で知《し》るカトリック・ライフ Q&A40

2021年9月15日　初版発行

著　者　菅原裕二
イラスト　時田 愛
発行者　関谷義樹
発行所　ドン・ボスコ社
〒160-0004　東京都新宿区四谷1-9-7
TEL03-3351-7041　FAX03-3351-5430
装　幀　幅 雅臣
印刷所　株式会社平文社

ISBN978-4-88626-685-9（乱丁・落丁はお取替えいたします）